GÜNTER EBERT

Nepal

GÜNTER EBERT

Auf Expedition in Nepal

Als Teilnehmer am internationalen Forschungsunternehmen Nepal Himalaya (1962)

175 Farbfotos, 86 Schwarzweißfotos, 5 Karten und Diagramme

2013

Herausgegeben vom Naturwissenschaftlichen Verein Karlsruhe e.V.
www.nwv-karlsruhe.de
Schriftleitung: Dr. ROBERT TRUSCH, Karlsruhe

Die Deutsche Bibliothek – CIP-Einheitsaufnahme
Ein Titelsatz für diese Publikation ist bei der Deutschen Bibliothek erhältlich.

ISBN: 978-3-937783-64-2

© 2013 Naturwissenschaftlicher Verein Karlsruhe e.V.
c/o Staatliches Museum für Naturkunde Karlsruhe, Erbprinzenstraße 13, 76133 Karlsruhe, Germany

Kommissionsverlag: Goecke & Evers · Keltern
Sportplatzweg 5, 75210 Keltern-Weiler, Germany
Fax: +49-7236-7325, E-Mail: books@insecta.de; Internet: www.insecta.de

Satz und Gestaltung: STEFAN SCHARF, Karlsruhe
Printed in Germany by NINODRUCK, Neustadt/WStr.

Inhaltsverzeichnis

Vorwort

Ursprünglich bestand die Absicht, über alle von mir zwischen den Jahren 1957 und 1971 durchgeführten entomologischen Forschungsreisen nach Asien in einem einzigen Band zu berichten. Die Expeditionen in den Hindukusch und Pamir haben darin jedoch so viel Platz in Anspruch genommen, dass die Nepal-Expedition des Jahres 1962 außen vor bleiben musste. Sie ist jetzt allein Gegenstand dieses Buches, das sich im Layout von Bild und Text vollkommen nach dem richtet, was 2010 unter dem Titel „Auf Expedition in Afghanistan" erschienen ist. Die Erlebnisse eines Insektenforschers finden sich, hier wie dort, authentisch aufgezeichnet und mit vielen Farb- und Schwarzweißfotos belegt. Auf manche der beobachteten und gesammelten Arten wird näher eingegangen und ihr Verhalten sowie ihre Ansprüche an spezielle Lebensräume näher erläutert. Solche Beobachtungen bleiben aus wissenschaftlicher Sicht immer aktuell.

Anders ist es mit den Beobachtungen, die sich unter dem Titel „Land und Leute" zusammenfassen lassen. Im Jahre 1962 konnte man diesen kleinen, abseits vom großen Weltgeschehen liegenden Himalajastaat noch in seiner relativ gut bewahrten traditionellen Unversehrtheit erleben. Als Europäer fand man sich plötzlich in einer fremden Welt wieder, die man staunend zur Kenntnis nahm. Die eigenen Wertmaßstäbe wurden mit der aus tiefer philosophischer Einsicht gewonnenen Erkenntnis des Buddhismus konfrontiert, ebenso mit der Götterwelt des Hinduismus, die auf die Bewohner des Kathmandutales großen Einfluss nahm. Damals wurde noch keine Rücksicht auf die ohnehin nur wenigen Reisenden genommen, die dieses Land besuchten, und aus geschäftlichen Zwängen heraus mussten noch keine Kompromisse mit ihnen eingegangen werden.

Das hat sich inzwischen vollkommen geändert. Das „Nepal von Heute" lässt in der modernen Reiseliteratur und ihrer medialen Ausstrahlung kaum noch etwas von dem erahnen, was damals den Alltag prägte. Zwar sind die alten Königsstädte Patan und Bhatgaon, die man jetzt Lalitpur und Bhaktapur nennt, erhalten geblieben, doch ihr Ansehen hat sich unter dem massiven Druck des Tourismus, dem sie täglich ausgesetzt sind, gewandelt. Man muss sich deshalb die Frage stellen, ob es überhaupt sinnvoll ist, die alten Bilder, welche die Schilderung meiner Reise von 1962 begleiten und die man heute nicht mehr nachholen kann, weil sie zumeist von ganz anderen Bildern verdrängt worden sind, noch einmal auferstehen zu lassen. Aus Gründen einer historischen Dokumentation halte ich es jedoch für gerechtfertigt.

Einleitung

Im Jahr 1962 war Nepal gerade aus einem Dornröschenschlaf erwacht. Die Rana-Dynastie hatte es über einen langen Zeitraum verstanden, fremde Einflüsse fernzuhalten. Die britische Kolonialmacht, die Indien zum Staatsgebiet eines von ihr eingesetzten Vizekönigs gemacht hatte, residierte unmittelbar vor den Toren des Landes, stets bereit, auch den Himalajastaat in Besitz zu nehmen und ihren Einfluss bis nach Tibet hinein auszudehnen.

Diese Dynastie wurde im Jahr 1847 von JANG BAHADUR RANA begründet. Ihm gelang es, das damalige Herrscherpaar in die Verbannung nach Indien zu schicken und in Kathmandu die Regierungsgewalt zu übernehmen. Er war ein starker jugendlicher Machthaber, von dem man sich wahre Wunderdinge erzählt. So soll er, fast nackt, nur mit dem Kukri, einem schwach gekrümmten, an der Innenseite scharf geschliffenen Buschmesser bewaffnet, in den Teraiwald eingedrungen und Tage später mit dem blutigen Fell eines Tigers zurückgekommen sein. Mit dieser Heldentat begründete er seinen frühen Ruhm. Er wurde der erste Maharadscha seines Geschlechts und verstand es, seine Macht weiter auszubauen. Zwar kehrte der König später wieder in das Land zurück, doch JANG BAHADUR RANA hatte inzwischen den Posten eines Ministerpräsidenten geschaffen, den er fortan zunächst für sich und danach für seine Erben beanspruchte. So kam es, dass das Königreich Nepal konstitutionell erhalten blieb, politisch jedoch vom jeweiligen Maharadscha aus der Rana-Dynastie gelenkt wurde. Erst im Jahr 1951 dankte der letzte Ministerpräsident und Rana-Maharadscha, MOHAN SHAMSHER, ab.

Von diesem Zeitpunkt an begann Nepal, sich allmählich dem westlichen Einfluss zu öffnen. Ein Jahr zuvor hatten die Chinesen Tibet besetzt, und bereits im Jahr 1947 war Indien selbstständig geworden. Diese gewaltigen politischen Veränderungen haben auf die weitere Entwicklung Nepals nachhaltig eingewirkt. Als es im Jahr 1959 in Tibet zum Aufstand gegen die verhassten chinesischen Eindringlinge kam, wurden von der Regierung in Peking schlagartig alle Handelsbeziehungen zu Nepal abgebrochen und die Grenze nach Süden mit Militärposten besetzt. Von dieser Seite aus nach Tibet einreisen zu wollen, war völlig unmöglich geworden.

In Kathmandu angekommen reizte es mich, diesbezüglich einen Versuch zu wagen. Im nobelsten Taxi, das ich auftreiben konnte, einem knallroten „Dodge" aus den Zwanziger Jahren mit einer auffallenden Hupe (ein blank geputztes Messingrohr mit einem mächtigen Gummiball!), ließ ich mich bei der Botschaft der Volksrepublik China vorfahren. Das Tor wurde mir sofort aufgetan und der Fahrer, den ich zuvor entsprechend instruiert hatte, begriff sehr schnell die Situation. Er riss, noch ehe ich mich erheben konnte, den Wagenschlag auf, um mich auf diese Respekt heischende Art aussteigen zu lassen. In tadelloser Haltung schritt ich die Stufen des Botschaftsgebäudes empor und wurde dort sogleich von Bediensteten in Empfang genommen. Ich nannte meinen Namen, sagte, dass ich Deutscher bin und den Herrn Botschafter zu sprechen wünsche. Das war natürlich rotzfrech! Ohne eine diplomatische Note geht so etwas überhaupt nicht. Das wusste auch ich, doch was konnte schon passieren? Ich wollte ja nur eine Auskunft haben, und welcher

Höflichkeitsform ich dabei den Vorzug gebe, ist allein meine eigene Entscheidung (ich habe auch nicht beim „Forschungsunternehmen Nepal Himalaya" nachgefragt, ob ich das tun dürfe).

Die Chinesen haben mich sehr höflich empfangen und mir einen vorzüglichen Tee angeboten. Erst nach einer Weile sind wir auf mein eigentliches Anliegen zu sprechen gekommen. Ein Diplomat kam hinzu, wohl der Kanzler der Botschaft, der dann auch näher auf meine Fragen einging. Es sei natürlich nicht erlaubt, über Nepal nach China (er sagte nicht: nach Tibet!) einzureisen. Dazu bedürfe es eines schriftlichen Ersuchens, das an das Außenministerium in Peking zu richten sei. Die Antwort konnte natürlich gar nicht anders ausfallen, das war mir von vornherein klar. Doch ich habe es genossen, sie mir auf diesem Weg einzuholen. Als ich die Stufen wieder hinab schritt, vom Kanzler und dem Empfangschef freundlichst verabschiedet, wartete mein Taxifahrer noch immer geduldig auf mich. Wie zuvor riss er erneut eilfertig den Wagenschlag auf, ließ mich einsteigen, und mit einer fast huldvollen Handbewegung meinerseits zum Botschaftsgebäude hin rollten wir wieder zum Tor hinaus.

Als 1956 König TRIBHUVAN starb, ging die Macht zunächst auf den Kronprinzen MAHENDRA BIR BIKRAM SHAH DEVA über. Im Jahr 1959 kam es zu ersten freien Wahlen. Das Volk übertrug der reorganisierten Kongresspartei mit dem Freiheitskämpfer KOIRALA an der Spitze die Führung des Landes. Diese Regierung wurde 1960 von König MAHENDRA, der zugleich die Verfassung außer Kraft setzte, wieder aufgelöst und ihr Ministerpräsident eingesperrt.

Nun konnten auch von außen her sich diejenigen Kräfte entfalten, die für die Entwicklung des Staatswesens auf den verschiedensten Gebieten von Bedeutung waren. Das galt in erster Linie für die Wirtschaft. Sie war, im internationalen Vergleich gesehen, äußerst bescheiden. Die Nepalesen waren Selbstversorger, die nur soviel produzierten, wie sie zum eigenen Leben brauchten. Es gab dazu auch gar keine Alternative. Um in der Landwirtschaft Überschüsse zu erzeugen, hätte es chemischer Dünge- und Pflanzenschutzmittel bedurft, doch selbst dann noch wäre daraus kein Nutzen zu ziehen gewesen, denn es fehlte ja überall im Land an den nötigen Transportwegen, um die Produkte auf die Märkte nach Kathmandu oder gar nach Indien zu bringen. Diese Form des Güteraustausches blieb weiterhin von der Kapazität an Traglasten abhängig, die gewohnheitsmäßig von Menschen bewegt wurden.

Die Industrialisierung hatte in Nepal noch nicht eingesetzt. Dazu fehlte es vor allem an der Energiewirtschaft. Für eine solche, auf die Stromerzeugung durch Wasserkraftwerke aufbauend, bestanden zwar die besten natürlichen Voraussetzungen, doch die wild schäumenden Flüsse in den Durchbruchstälern schickten weiterhin ihre Wassermassen ungebremst in die Ebene des Ganges hinab.

Ein Wirtschaftszweig, der angesichts dieses Entwicklungsstandes schnelles Wachstum versprach, war der Tourismus. Für ihn hat dieses Land mit das Großartigste zu bieten, was es auf der Welt zu sehen gibt: Eisgepanzerte Gebirgsketten mit den höchsten Erhebungen dieser Erde, orchideenreiche Wälder und Schluchten, dazu ein Kulturerbe, das in vielen erhalten gebliebenen buddhistischen und hinduistischen Tempeln zu bewundern ist. Trotz dieses reichhaltigen Angebots an natürlichen und kulturellen Sehenswürdigkeiten waren es weniger als 3000 Touristen, die 1961 den Weg nach Kathmandu fanden, meist mit dem Flugzeug von Indien oder Thailand kommend.

Hier soll die Geschichte von zwei aufgeputzten Amerikanerinnen erzählt werden, die ich vor einem Tempel auf dem Hanuman Doka beobachtet habe. Eigentlich waren sie mit ihren hell gepuderten

Gesichtern und den grell geschminkten Lippen, von den lila gefärbten Haaren ganz zu schweigen, den farbig angemalten, kunstvoll geschnitzten Figuren auf den Holzbalken der Newar-Tempel ziemlich ähnlich. Diese erregten ganz offensichtlich in höchstem Maße ihre Aufmerksamkeit. Im Mittelpunkt des Interesses stand jedoch weniger das Aussehen dieser Figuren, als deren Stellung zueinander. Die grellbunte und zweifellos sehr anzügliche Darstellung wirkt durchaus pornografisch, jedenfalls auf einen mit dem Hinduismus nicht näher vertrauten Personenkreis.

Und dazu gehörten natürlich jene beiden Damen aus Texas, Kentucky, oder wo immer sie sonst hergekommen sein mochten. Während man als gesitteter Europäer diese einprägsamen erotischen Schnitzwerke interessiert betrachtet und sich dabei fragt, was denn eigentlich so fremd und aufregend daran ist, haben sie die beiden Damen in hellen Aufruhr versetzt: „How shocking!", war immer wieder zu hören; „look at this, darling. Have you ever seen something like that?". Natürlich nicht! Wie sollten sie auch. Dort, wo sie herkamen, herrscht eine ganz andere Vorstellung von körperlicher Berührung.

Eine besondere Art von Tourismus ist das Bergsteigen. Auch dies beschert dem Land eine weitere, wenn vielleicht auch noch bescheidene Einnahmequelle. So kostete der Mount Everest, der als höchster Berg der Erde natürlich im Mittelpunkt des bergsteigerischen Interesses steht, zu der Zeit, von der hier berichtet wird, pro Nase runde 1000 US-Dollar an staatlichen Genehmigungsgebühren. Die übrigen Gipfel sind nach ihrer Höhe gestaffelt: 800 US-Dollar für solche über 8000 m, 500 US-Dollar für die Gipfel darunter.

In allen Bereichen der Wirtschaft gab es reichlich Nachholbedarf! Die Fehler, die immer wieder gemacht wurden bei dem Versuch, quasi aus dem Stand auf den bereits dahinrasenden Zug wirtschaftlicher Entwicklung aufzuspringen, waren vorprogrammiert. Mit der neuen Zeit wurde aber auch zugleich der Beginn einer modernen landeskundlichen Erschließung eingeläutet. Am eiligsten hatten es damit die von Wissenschaftlern begleiteten Bergsteiger-Expeditionen aus England, Frankreich, Italien und der Schweiz. In der zweiten Reihe warteten bereits Österreicher und Deutsche auf ihre Chance, die Achttausender dieses Landes zu besteigen.

Bis zum Jahre 1960 waren bereits alle Achttausender Nepals bestiegen. Genau die Hälfte der insgesamt 14 über 8000 m hohen Berge, die es in Asien und damit auf der Welt gibt, entfallen auf dieses Land. Der Gipfel der Annapurna I mit 8078 m war davon im Jahr 1950 der erste, der erobert wurde. Danach setzte ein heftiger Konkurrenzkampf ein, bei dem Engländer, Franzosen, Österreicher, Schweizer und Deutsche ihre besten Bergsteiger ins Feld schickten. Nach zehn Jahren konnte auch der letzte noch verbliebene Gipfel, der 8167 m hohe Dhaulagiri, aus dieser elitären Wunschliste gestrichen werden.

Solche spektakulären Erstbesteigungen, allen voran diejenige des Mount Everest durch die Expedition HUNT im Jahr 1953, genießen natürlich eine Publizität, von der die Feldforschung der wissenschaftlichen Disziplinen nur träumen kann. Dabei ist gerade sie es, die dem Land zwar keine schnellen finanziellen Einnahmen, dafür jedoch Ergebnisse liefert, die auf längere Sicht gesehen in vielerlei Hinsicht innovative Auswirkungen haben. Man denke nur an die geologischen Forschungen eines WILHELM FILCHNER oder TONI HAGEN.

Doch erst nach ihnen sollte die große Zeit der landeskundlichen Erschließung beginnen. Daran war das von der Fritz-Thyssen-Stiftung finanzierte „Forschungsunternehmen Nepal Himalaya", international auch unter dem Namen „Research Scheme Nepal Himalaya (RSNH)" bekannt, maßgeblich beteiligt. Ihm gehörten Vertreter der verschiedensten wissenschaftlichen Disziplinen an. Besonderes Gewicht wurde zunächst auf die klimaökologische Forschung gelegt. Die klimatische und vegetationsgeografische Gliederung des Himalaja-Systems war eine der herausragenden Studien. Eine andere befasste sich mit den Grundzügen des vertikalen Landschaftsaufbaues. Von besonderer Bedeutung war die kartografische Erschließung des Untersuchungsgebietes, die in der Karte „Khumbu Himal I" im Maßstab 1:50.000 ihren Niederschlag fand. Sie überdeckt ein Gebiet von etwa 2500 Quadratkilometern. Unter dem Namen „Hochgebirgsforschung" (High Mountain Research) führte sie zu einer eigenen Schriftenreihe, die auch Berge wie den Mount Kenya in Ostafrika und den Huascaran in Peru einbezog und so den Vergleich von tropischen mit subtropischen Gebirgen ermöglichte.

Diese grundlegenden Arbeiten, die in Ostnepal und speziell im Khumbu Himal im Rahmen dieses Forschungsunternehmens durchgeführt wurden, waren für das Land von außerordentlicher Bedeutung. Zugleich schufen sie eine Basis, wie sie für die Einordnung der von den Spezialisten erarbeiteten botanischen und zoologischen Ergebnisse benötigt wurde.

Organisiert und geleitet wurde das Unternehmen von Prof. Dr. WALTER HELLMICH von der Zoologischen Staatssammlung in München. In meinem Buch über Afghanistan (EBERT 2010) habe ich bereits kurz erwähnt, dass Dr. WALTER FORSTER, der Direktor dieses Instituts, mich gleich nach der Rückkehr von meiner zweiten Afghanistan-Expedition zur Seite genommen und die Teilnahme an diesem Forschungsunternehmen angeboten hat. Es war Pionierarbeit, die da auf mich wartete, denn ich sollte ja der erste Entomologe sein, dem diese Ehre zuteil wurde. Ohne einen Moment zu zögern habe ich Ja gesagt und damit endgültig die Weichen für meinen weiteren Lebensweg gestellt.

Es war die vierte Arbeitsgruppe, die im Auftrag dieses Forschungsunternehmens im Frühjahr 1962 nach Nepal aufbrechen sollte. Die Leitung wurde dem Ornithologen Dr. GERD DIESSELHORST übertragen, dem als Präparator JOHANN POPP, ebenfalls von der Zoologischen Staatssammlung in München, zur Seite stand. Ich brachte mit HEINZ FALKNER aus Nürnberg einen Hobbyentomologen in die Mannschaft ein, mit dem ich früher schon einige kleinere Sammeltouren unternommen hatte. Als Expeditionsarzt begleitete uns Dr. BERND ALTMEYER.

Mein Ziel war es, auf einer Wegstrecke, die vom Teraiwald im Süden Nepals an der Grenze zu Indien bis in die hochalpine Region am Fuß des Mount Everest vor den Toren Tibets reichte, an möglichst vielen, über die einzelnen vertikalen Vegetationsstufen verteilten Punkten Aufsammlungen und Beobachtungen vorzunehmen. Nach Beendigung der Expedition übertrug ich den Streckenverlauf und die dazu gehörenden Fundorte, an denen gesammelt wurde, in ein Höhendiagramm sowie in ein Vegetationsdiagramm (nach SCHWEINFURT 1957). Beide Diagramme sind bereits veröffentlicht worden (EBERT 1966), werden hier jedoch zum besseren Verständnis des nachfolgenden Textes noch einmal zum Abdruck gebracht.

Was diese einer Fieberkurve ähnliche Marschroute nur recht abstrakt wiederzugeben vermag, soll im nachfolgenden Text beschrieben und dabei auf die Erlebnisse dieser unvergesslichen Wanderung, die sich über die Monate März bis August hinzog und durch fast alle Vegetations- und Klimazonen des Landes führte, näher eingegangen werden.

Wer heute von Kathmandu aus zu einer sogenannten Trekkingtour aufbricht (die Bezeichnung Trekking war damals noch völlig ungebräuchlich), wird vieles von dem, was ich gesehen habe, nicht mehr vorfinden: unberührte, ruhig vor sich hinträumende Sherpadörfer, noch weitgehend unversehrte Wälder, einsame Hochalmen, und eine Landschaft am oberen Khumbu-Gletscher ohne „Everest-Basecamp" und Müllbeseitigungsprobleme. Kathmandu bot noch den von fremden Einflüssen verschont

Wegverlauf der entomologischen Gruppe der Nepal-Expedition 1962

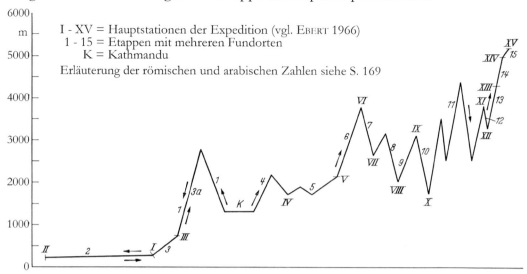

I - XV = Hauptstationen der Expedition (vgl. EBERT 1966)
1 - 15 = Etappen mit mehreren Fundorten
K = Kathmandu

Erläuterung der römischen und arabischen Zahlen siehe S. 169

Vegetationsdiagramm der von der Expedition durchquerten Zonen

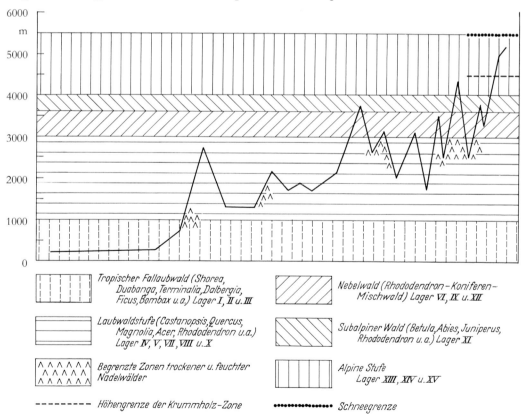

Tropischer Fallaubwald (Shorea, Duabanga, Terminalia, Dalbergia, Ficus, Bombax u.a.) Lager I, II u. III

Nebelwald (Rhododendron-Koniferen-Mischwald) Lager VI, IX u. XII

Laubwaldstufe (Castanopsis, Quercus, Magnolia, Acer, Rhododendron u.a.) Lager IV, V, VII, VIII u. X

Subalpiner Wald (Betula, Abies, Juniperus, Rhododendron u.a.) Lager XI

Begrenzte Zonen trockener u. feuchter Nadelwälder

Alpine Stufe Lager XIII, XIV u. XV

- - - - - - - Höhengrenze der Krummholz-Zone

•••••••••• Schneegrenze

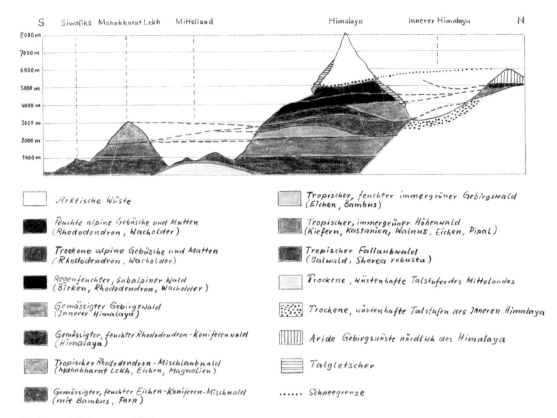

S   Siwaliks Mahabharat Lekh   Mittelland   Himalaya   Innerer Himalaya   N

8000 m
7000 m
6000 m
5000 m
4000 m
3000 m
2000 m
1000 m

Arktische Wüste

Feuchte alpine Gebüsche und Matten
(Rhododendron, Wacholder)

Trockene alpine Gebüsche und Matten
(Rhododendron, Wacholder)

Regenfeuchter, Subalpiner Wald
(Birken, Rhododendron, Wacholder)

Gemässigter Gebirgwald
(Innerer Himalaya)

Gemässigter, feuchter Rhododendron-Koniferenwald
(Himalaya)

Tropischer Rhododendron-Mischlaubwald
(Mahabharat Lekh, Eichen, Magnolien)

Gemässigter, feuchter Eichen-Koniferen-Mischwald
(mit Bambus, Farn)

Tropischer, feuchter immergrüner Gebirgswald
(Eichen, Bambus)

Tropischer, immergrüner Höhenwald
(Kiefern, Kastanien, Walnuss, Eichen, Pipal)

Tropischer Fallaubwald
(Salwald, Shorea robusta)

Trockene, wüstenhafte Talstufen des Mittelandes

Trockene, wüstenhafte Talstufen des Inneren Himalaya

Aride Gebirgswüste nördlich des Himalaya

Talgletscher

...... Schneegrenze

(Farben vgl. Schutzumschlag)

gebliebenen Reiz einer den Religionen des Hinduismus und Buddhismus gleichermaßen aufgeschlossenen Kleinstadt. Das sollte sich leider allzu bald ändern. Im Vorwort zur zweiten Auflage (1970) seines Buches „Nepal – Königreich am Himalaya" berichtet der Verfasser TONI HAGEN über seine Eindrücke, als er im Dezember 1968 zum ersten Mal nach sechsjähriger Abwesenheit wieder nepalesischen Boden betrat: „Ich habe mich seither noch nicht vom Schock erholt. ‚Shangri La' in Kathmandu ist in raschem Entschwinden begriffen. Eine

eigentliche Betonmanie hat die herrliche Stadt und ihre Parkanlagen ergriffen. Der frühere Dundhikel, der alte Park in der Mitte der Stadt, ist von allen Bäumen entblößt und mit seltsamen Betonkonstruktionen eingehagt. Beton-Appartmenthäuser in äußerst geschmacklosem Stil sind aus dem Boden geschossen, und der gesamte befremdliche Eindruck wird noch vervollständigt durch die zahlreichen Hippies und Haschischsüchtigen, welche die alten schönen Straßen und Tempelplätze wie Schwärme schmutziger Fliegen bevölkern."

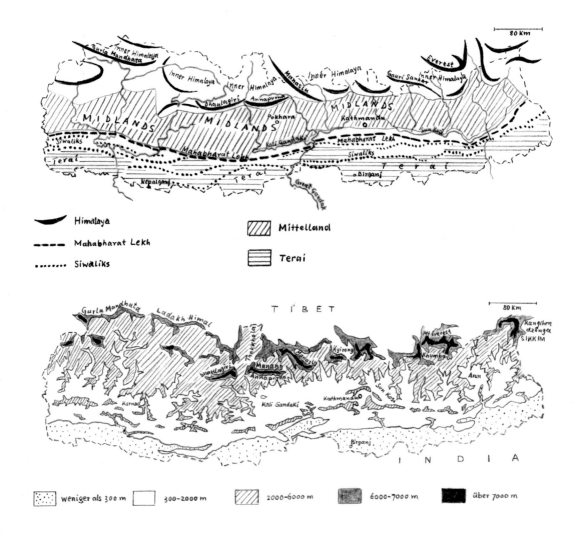

Die auf den Seiten 13 und 14 abgebildeten Skizzen habe ich während meiner Vorbereitung auf die Forschungsreise 1962 angefertigt; ihre Wiedergabe an dieser Stelle ist rein nostalgisch. Sie dienten dem persönlichen Gebrauch. Die Vorlagen dazu habe ich der Literatur entnommen (siehe Verzeichnis).

Kapitel 1

Ein Traum wird wahr

Die Vorbereitung – Auf dem Jetstream nach New Delhi – Erste Begegnung mit Tibetern –
Anflug auf Kathmandu – Zwischen Tempeln, Stupas und Pagoden

Zwischen meiner Rückkehr aus Afghanistan im November 1961 und der Abreise nach Nepal im März 1962 lag nur eine knappe Zeitspanne. Der Versuch, sich in das geschäftige Treiben zu Hause wieder einzureihen, lohnte sich gar nicht. Als ich meinen Arbeitgeber aufsuchte um ihm mitzuteilen, dass es mich bald wieder hinauszieht in ferne Länder, lehnte er es ab, mir noch einmal für längere Dauer unbezahlten Urlaub zu gewähren. Ich hatte auch nichts anderes erwartet. Schließlich war ich, bei aller Ungewissheit meiner Zukunft, froh darüber, dass es so gekommen ist. Die besten Geschäftsabschlüsse können nicht dieses wunderbare Gefühl ersetzen, das von dir Besitz ergreift, sobald du erst wieder in diese Erlebniswelt Asien eingetaucht bist. Menschen, die dir ganz anders begegnen, als du es von Zuhause gewohnt bist, eine fremde Tier- und Pflanzenwelt, die fortlaufend deine Neugierde weckt, die Herausforderung einer Expedition, die dir Eigenschaften abverlangt, die daheim zu verkümmern drohen: die schnelle und richtige Entscheidung bei der Überwindung natürlicher Hindernisse, das behutsame sich Einfühlen in den anderen, fremden Menschen, den du führen und schließlich auch entlohnen musst, die ständige Kontrolle deines Handelns auch in schwierigen, unvorhersehbaren Augenblicken.

Ich freute mich jedenfalls auf die vor mir liegende Forschungsreise. Der Himalaja – welch eine Aufgabe! Wieder schweifen die Gedanken zurück zu den Tagen aus frühester Jugend, als vor meinen Augen – in der Hand den Bericht HEDINS über seine Reise nach Tibet – die fremden Berge sich auftürmten und das Herz höher schlug. Der unendliche

kristallklare Himmel, der das Dach der Welt überspannt. Die Menschen die hier leben, als Nomaden draußen auf den weiten Hochsteppen oder bodenständig in ihren kleinen Dörfern. Klöster, die an steilen Bergflanken wie Adlerhorste kleben, Mönche und gelb gekleidete Lamas, die Schale mit dem Buttertee in der Hand, freundlich und weise lächelnd. HEDIN hat Nepal, das verschlossene Land, damals nicht bereisen können. Nun beginnt es sich zu öffnen, und ich werde unter den Ersten sein, die darin sammeln und forschen dürfen!

Es fällt schwer, bei diesem Gedanken noch Ruhe zu finden. Immer wieder gehe ich die Listen durch, in denen die benötigten Ausrüstungsgegenstände vermerkt sind. Das „Forschungsunternehmen Nepal Himalaya" ist großzügig. Man gestattet mir, das Sporthaus SCHUSTER in München aufzusuchen, das schon viele Expeditionen ausgerüstet hat. Es geht um den persönlichen Bedarf. Zum Beispiel Bergstiefel. Hier ist besondere Qualität gefragt, denn ich will ja auch noch geröllreiche Hänge oberhalb der Baumgrenze mit ihrem scharfkantigen Gesteinsschutt aufsuchen. Zwar brauche ich dazu keine Steigeisen, doch „Grödel" müssen es schon sein und sorgfältig angepasst werden. So nennt man die kurzen breiten Stahlkanten, die an einem Gestell angebracht sind, das genau auf die Sohle des Schuhs passt und mit Lederriemen festgehalten wird. Dermaßen bewehrt findet der Fuß sicheren Halt auch auf tückischen steilen, mit kurzem Gras bewachsenen Hängen. Warme Wollsocken, ein „Norwegerpullover" und ein Kletteranorak kommen noch hinzu. Alles zusammen wird sofort in den ebenfalls an Ort und Stelle erworbenen Rucksack mit ausklappbarem Innenteil verstaut, dessen Gurte den Rücken beim Tragen frei halten. Weitere Teile der Ausrüstung wie Zelt und Pickel warten bereits in Kathmandu auf mich. Mit dem Gefühl, nun auch dazuzugehören, trete ich den Heimweg an, nicht ohne an meine Begegnung mit dem Bezwinger des Nanga Parbat, HERMANN BUHL, zu denken, der im Sporthaus SCHUSTER ja zeitweise beschäftigt war und mich sicherlich höchst persönlich beraten hätte, wenn er am Leben geblieben wäre.

Von großer Wichtigkeit war auch die Zusammenstellung der entomologischen Sammelausrüstung. Wie viele Zyankaligläser sollen mitgenommen werden und welche Abmessungen sollen sie haben? Auch die Art der Befüllung will bedacht sein – eingegipst, oder mit eingepresster watteüberzogener Korkplatte versehen? Was passiert damit im Regen? Ich entscheide mich für das Letztere, außerdem gegen die Mitnahme von Insektennadeln und für Papiertüten. Getütetes Material ist auf Expeditionen, bei denen es „durch Dick und Dünn geht" viel leichter und sicherer zu transportieren. Doch nicht nur an Schmetterlinge ist zu denken – auch andere Insekten stehen auf der Wunschliste! Das bedeutet: Papierrollen, Zellstoff, kleine Schachteln mit „Wattematratzen" und Exhaustoren zum Aufsaugen des Materials, insbesondere von Zikaden und Kleinkäfern. Da der Schwerpunkt der Geländearbeit beim Lichtfang liegen soll, muss an gute Petromaxlampen und die dazu nötigen Ersatzteile samt einem genügenden Vorrat an sogenannten AUER-Glühstrümpfen gedacht werden.

Endlich ist es soweit! Alles war sorgfältig verpackt und aufgelistet. Nun hieß es für mich Abschied zu nehmen, zunächst von meiner Frau, die mich auch diesmal wieder tatkräftig unterstützt hatte, und von unserem zweieinhalbjährigen Sohn, der noch nicht verstehen konnte, dass der Vater nun mehr als ein halbes Jahr lang nicht mit ihm spielen wird. Noch einmal steht ein Besuch und eine letzte Besprechung in der Zoologischen Staatssammlung bevor. Schneematsch liegt auf den Straßen von München. Der 14. März 1962 ist ein unfreundlicher Spätwintertag. Vom Flughafen in Riem bringt mich eine „Metropolitan" der SWISSAIR nach Zürich, wo im Hotel „Plaza" bereits ein Zimmer für mich reserviert ist.

*

Den Flug mit einem Düsenflugzeug habe ich zum ersten Mal 1961 am Ende meiner zweiten Reise nach Afghanistan im vergangenen Jahr erlebt. Damals flog ich mit einer Tupolev 104 von Moskau über Kiew nach Wien. Die gewagte Landung, die der Pilot auf dem Flughafen Schwechat bei übelsten Wetterverhältnissen hingelegt hat, ist mir noch in schlimmer Erinnerung geblieben. Mit einem etwas mulmigen Gefühl steige ich auf dem Flughafen Kloten in eine DC 8 der KLM ein. Alles ist noch neu und ungewohnt. Man serviert Frühstück und bald danach sogar einen richtigen Lunch und das alles in fast 10.000 m Höhe. Auf einer Luftströmung knapp unterhalb der Stratosphäre, die man „jetstream" nennt, reite ich wie auf einem geflügelten Pferd hoch über den Wolken dahin. Der Blick aus dem Kabinenfenster reicht tief hinab und bleibt an einer Landschaft haften, die reliefartig, wie aus einem Atlas herauskopiert, langsam dahingleitet. In der Ferne verliert sie sich an einem nur schemenhaft erkennbaren Horizont, der die Krümmung der Erdoberfläche ahnen lässt.

Vor der Landung in New Delhi schreckt mich der Flugkapitän mit einer Durchsage auf, die beruhigend wirken soll: Die Passagiere mögen sich anschnallen und sich nicht über besondere Geräusche und ruckartige Bewegungen ängstigen, die gleich zu vernehmen und zu spüren sein werden. Es sind nur besondere Düsen, die eingeschaltet werden, um als entgegengesetzt wirkende Kraft das Flugzeug allmählich abzubremsen. Die Passagiere haben das zwar voll Vertrauen, letztendlich aber doch etwas furchtsam zur

Kenntnis genommen und sich, leicht angespannt, in ihren Sesseln zurechtgerückt. „Fasten your seatbelts and extinguish your cigarettes" war eine bereits gewohnte Aufforderung der hübschen, in ihrer blauen, knapp sitzenden Uniform recht attraktiv aussehenden Stewardess.

Dann stehe ich plötzlich auf indischem Boden. Es ist drückend heiß. Ich sehe Affen herumspringen, gar nicht weit vom Flughafengebäude entfernt. Es dauert ein wenig, bis mich der Zoll und die Gesundheitsbehörde passieren lassen. Ein Abgesandter der Deutschen Botschaft stellt sich vor: Herr von KEMPNICH, Kulturattaché. Spätestens jetzt ist mir klar geworden, dass ich kein einzeln reisender Abenteurer mehr bin, sondern einem deutschen Forschungsunternehmen angehöre, das von einer bedeutenden Stiftung finanziert wird. Sein Leiter hat in der Tat alles gut organisiert.

*

Noch am Abend des Ankunftstages in New Delhi war ich als nachreisender Teilnehmer der 4. Arbeitsgruppe – die Herren DIESSELHORST und POPP waren bereits vorausgeflogen – beim Kulturattaché zum Abendessen eingeladen. Zur kleinen Tischgesellschaft, die sich versammelt hatte, gehörten auch tibetische Flüchtlinge, die zweifellos der Oberschicht in Lhasa zuzurechnen waren. Das Zusammentreffen mit ihnen war aus verschiedenen Gründen interessant und reizvoll. Meine Tischnachbarin war eine junge und hübsche Frau Anfang Zwanzig (so jedenfalls meine Schätzung). Sie sprach ausgezeichnet Englisch und war deshalb in der Lage, das, was sie in ihrer Heimat vor der Flucht nach Indien erlebt hatte, recht anschaulich wiederzugeben. Sie trug langes, fast blauschwarzes Haar und war trotz der traurigen Geschichte, die sie mir erzählte, ein ziemlich fröhlicher Mensch.

Bei diesem Gespräch ist mir klar geworden, dass dem Tibeter oder der Tibeterin der Verlust der Heimat offenbar besonders nahe geht. Nirgendwo sonst auf der Welt finden sie einen Platz, der ihr auch nur entfernt ähnlich ist. Der Anblick des gewaltigen Potala im Morgenlicht, wo gibt es das noch einmal? Die Geräusche, die aus den Tempeln kommen, die Frömmigkeit der Menschen, ihr tiefer Glaube an die Wiedergeburt und schließlich an das Nirwana als dem Ort des ewigen Friedens, ihre Hinwendung zum Höchsten. Nun sind sie ihrem Dalai Lama gefolgt und in die Ebene des indischen Tieflandes und zu seinen Vorbergen hinabgestiegen. Die Luft ist hier ganz anders, versicherte meine Gesprächspartnerin. Es wimmelt von Menschen. Ihre Geschäftigkeit lässt schmerzlich die Ruhe vermissen, die in Lhasa oder Shigatse vor dem Eintreffen der Chinesen geherrscht hat.

Die Beschreibung Tibets von HEINRICH HARRER kommt mir in den Sinn. Vieles von dem, was er in seinem Buch „Sieben Jahre Tibet" (HARRER 1956) geschildert hat, wird von meiner Tischnachbarin eifrig bestätigt. Doch es sei eine vergangene Zeit. Die Gegenwart heißt Flucht oder Vertreibung, und die Menschen, die davon betroffen sind, leiden unsäglich. Zum ersten Mal höre ich, dass sich in Nepal in den Tälern südlich der Grenze zu Tibet, die jetzt offiziell als Staatsgrenze zu China anzusehen ist, Tausende von tibetischen Flüchtlingen aufhalten. Vor zwei bis drei Jahren seien etwa 60.000 gezählt worden! Im Sherpaland Khumbu sollen sie die Zahl der Anwohner um das Doppelte übertreffen. Inzwischen sind Hilfsmaßnahmen in Gang gekommen mit dem Ziel, die größte Not zu lindern und wenigstens einen Teil dieser Menschen in Brot und Arbeit zu nehmen. In Kathmandu sei eine Teppichweberei entstanden mit dem erfreulichen Ergebnis, dass ein zunehmend größerer Teil der dort gefertigten Ware nach Europa exportiert wird.

*

Am nächsten Tag, dem 18. März, fand ich mich schon am frühen Vormittag auf einem Nebenplatz des Flughafens von New Delhi

17

ein. Von hier aus soll mich eine Maschine der „Royal Nepal Airline Corporation" nach Kathmandu bringen. Es war alles sehr einfach. Die Abfertigung verlief unkompliziert. Ich trat hinaus auf einen Platz und sah in einiger Entfernung eine zweimotorige Propellermaschine, deren Aufschrift mit meinen Erwartungen übereinstimmte. Es war eine Dakota DC 3 der Nepal Airlines, wie die Fluggesellschaft kurz genannt wird. Dieses Flugzeug nahm sich natürlich viel bescheidener aus als die DC 8, mit der ich gekommen war. Wie die bekannte Iljuschin 12 der russischen Aeroflot, mit der ich vor fünf Jahren von Kabul nach Moskau flog, wurde auch dieser Typ amerikanischer Herkunft schon vor dem Zweiten Weltkrieg entwickelt und produziert. Er beruht im wesentlichen auf dem gleichen Bauprinzip: ein Tiefdecker mit einem Motor an jeder Tragfläche, dazu ein einfaches Höhenruder und ein Fassungsvermögen von maximal 35 Passagieren.

Nachdem die Gangway bereits herangeschoben war, stieg ich hinauf. Einige Fluggäste hatten schon auf den engen Sitzen Platz genommen. Im Cockpit, dessen Tür offen stand, saß der Pilot. Wer jedoch glaubte, es ginge gleich los, hatte sich gründlich geirrt. Unser Flugzeugführer war gerade damit beschäftigt, mit beinahe theatralischen Bewegungen, für alle sichtbar, weiße Handschuhe überzustreifen und sich die „Hindustan Times" reichen zu lassen. Die Abflugzeit, die mittlerweile schon überschritten war, interessierte ihn überhaupt nicht. Mindestens für eine weitere halbe Stunde blieb er in seine Lektüre vertieft. Dann gab er endlich einem barfüßigen jungen Nepalesen, der auf dem Boden kauerte, die Anweisung, die Tür nach draußen zu schließen. Auch die Gangway war inzwischen weggezogen worden, so dass dem Start eigentlich nichts mehr im Wege stand. Und tatsächlich: Allmählich begannen die Propeller sich zu drehen, zuerst ganz langsam, dann immer schneller. Die Maschine kam ins Rollen, doch anstatt zuerst einmal ihre Startposition einzunehmen, nahm sie immer mehr an

Fahrt auf. Aus dem Summen der Motoren wurde ein Dröhnen, in einem flachen Winkel hob das Flugzeug vom Boden ab und gewann langsam an Höhe.

Der Pilot, ein Pole, hat uns ganz ruhig und sicher nach Kathmandu geflogen. Erst viel später erfuhr ich, dass er mit seinem Arbeitgeber, der besagten „Royal Nepal Airline Corporation", Schwierigkeiten bekam. Man hatte offensichtlich beobachtet, dass er dem Alkohol zusprach und sah darin eine Gefährdung der ihm anvertrauten Passagiere. Als ich das hörte, erinnerte ich mich wieder daran, gesehen zu haben, wie er mit seinen weißen Handschuhen mehrmals zu einer Art Feldflasche griff. Ich brachte das mit Tee und Frühstück in Verbindung und achtete nicht weiter darauf. Leider nahm diese Geschichte einen recht tragischen Ausgang. Man hat ihm die weitere Ausübung seiner Tätigkeit zwischen Kathmandu und New Delhi untersagt und an seine Stelle einen Nepalesen an den Steuerknüppel der DC 3 gesetzt. Die Maschine, mit der unser polnischer Freund nach Indien ausgeflogen wurde, stürzte ab. Alle Insassen fanden den Tod. Später hat es noch eine weitere DC 3 der Nepal Airlines erwischt, so dass diese Fluggesellschaft plötzlich nur noch über eine einzige Maschine verfügte, die pikanterweise dem König gehörte.

Der Flug nach Kathmandu dauerte mehrere Stunden. Zuerst flogen wir über ebenes, teilweise landwirtschaftlich genutztes Gelände. Doch dann änderte sich plötzlich das Bild: Die Gangesebene ging unvermittelt in ein flaches, stark verästeltes Gebirge über. Wir befanden uns über den Siwaliks, einer Schichtrippenlandschaft, deren höchste Erhebungen bis 2000 m hoch ansteigen. Geologisch betrachtet ist sie der Molassezone am Rand unserer Alpen vergleichbar. Sie trennt nach Süden hin den Urwaldgürtel des Terai gegen das indische Tiefland ab.

Der Teraiwald, den ich unbedingt kennenlernen wollte, tauchte hinter den Siwalikbergen auf und gab den Blick frei auf einen grünen Gürtel, der nur an wenigen Stellen durch breite Täler, die sogenannten Duns, unterbrochen war. Eines davon ist das Tal des Raptiflusses, auf das unsere 4. Arbeitsgruppe es abgesehen hat. Der Teraiwald gehört, landschaftlich gesehen, noch zur Gangesebene. Er stockt auf Schwemmland, das nur eine Höhe von etwa 200 m erreicht. Von hier aus soll ein Gradient bis hinauf in die alpine Zone der Himalaja-Hauptkette den Verlauf meiner entomologischen Beobachtungen und Aufsammlungen bestimmen. Gemeint ist damit eine Strecke, die sich an bestimmten Strukturen (vgl. Diagramme) orientiert und das Vorkommen von Tag- und Nachtfalterarten und deren Habitate miteinander vergleicht.

Hinter diesem Waldgürtel erhebt sich, wiederum recht unvermittelt und ziemlich steil, ein Gebirge, die Mahabharat Lekh. Es ist vor dem dahinter liegenden Mittelland wie ein Schutzwall aufgerichtet, der bis 3000 m hoch ansteigt. Auch dieses Gebirge verläuft parallel zur Hauptkette des Himalaja, das heißt also von West nach Ost. Wir überfliegen die Grenze zwischen Indien und Nepal etwa in Höhe von Nepalganj und folgen dem Flusssystem des Kali Gandaki in östlicher Richtung (Abb. S. 33/3). Bald ist die DC-3 über dem Mittelland angelangt, dem fruchtbarsten Teil Nepals, das sich von den Flüssen Karnali im Westen bis zum Sun Kosi und Tamur im Osten erstreckt und eine Breite von etwa 60 bis 100 km einnimmt. Seine Höhenlage reicht von 600 m bis über 2000 m hinauf. Hier wird auf ungezählten Terrassen vorwiegend Reis angebaut (Abb. S. 33/2). Unter uns wird plötzlich eine Straße sichtbar, die in kühner Trassenführung die steilen Bergflanken der Mahabharat Lekh überwindet. Von ihr wird später noch die Rede sein.

War der Blick aus der Flugzeugkanzel, in die ich mich begeben hatte, bisher eher nach unten gerichtet, so änderte sich das jetzt ziemlich rasch. Denn aus dem morgendlichen Nebel trat immer deutlicher der zentrale Himalaja hervor (Abb. S. 33/1).

Der Himalaja ist das jüngste Kettengebirge der Erde, das heißt sogar noch beträchtlich jünger als unsere Alpen. Soweit unser Wissenstand im Expeditionsjahr 1962. Inzwischen liegen jedoch neue Forschungsergebnisse vor, wonach sich das Alter dieses höchsten Gebirgssystems unseres Planeten auf 20 Millionen Jahre beläuft, also doppelt soviel als früher angenommen wurde. Dies ergaben Tiefseebohrungen im Indischen Ozean. Dort überlagern sich Sedimente, die von den Flüssen Ganges und Brahmaputra angeschwemmt wurden und deren Alter anhand der darin gefundenen Schalen und Skelette abgestorbener Meerestiere bestimmt werden konnte.
An der Hauptkette des Himalaja regnen die von der indischen Ebene jährlich heraufziehenden Monsunwolken ab und bestimmen vom Juni bis September im südlich sich daran anschließenden Mittelland Nepals das Wetter. Im Regenschatten nördlich der Hauptkette, im so genannten „inneren Himalaja", sind die Täler dagegen trocken und haben ein wüstenhaftes Aussehen.

Dieses höchste Gebirge der Erde steht nun zum ersten Mal nicht auf einer Landkarte, sondern in Wirklichkeit vor meinen Augen. In Sichthöhe tauchen sie jetzt auf, die berühmten Achttausender. Direkt vor mir das Annapurna-Massiv mit seinen vier nach römischen Zahlen unterteilten Gipfelhöhen. Rechts davor der mit 6997 m zwar erheblich niedrigere, durch seine an einen Fischschwanz erinnernde eigenwillige Gestalt jedoch herausragende Machapuchare. Westlich der Annapurna erhebt sich, direkt aus den subtropischen Tälern emporsteigend, der 8167 m hohe Dhaulagiri. Die höchsten Dörfer an seiner steilen Südflanke reichen nicht über 1800 m hinaus. Nordöstlich der Annapurna-Gruppe grüßt der mächtige

Manaslu mit seinem Hauptgipfel von 8125 m herüber.

Die Annapurna I, mit 8078 m der höchste Gipfel des gleichnamigen Massivs, ist zugleich der erste Achttausender, der bestiegen wurde. Das geschah im Jahr 1950 durch die französischen Bergsteiger MAURICE HERZOG und LOUIS LACHENAL. Den mit 7524 m niedrigsten Gipfel, die Annapurna IV, eroberten ein Landsmann von mir, der Nürnberger Maschinenschlosser HARALD BILLER, und seine drei Bergkameraden HEINZ STEINMETZ, FRITZ LOBBICHLER und JÜRGEN WELLENKAMP. Vorher hatten dies eine britische (1950) und eine japanische (1952) Expedition vergeblich versucht. HARALD BILLER besuchte mich wenige Jahre nach seinem Gipfelsieg in meiner Nürnberger Wohnung und gab mir gute Tipps mit auf den Weg nach Nepal. FRITZ LOBBICHLER war damals von WALTER FORSTER dafür gewonnen worden, nebenbei Schmetterlinge zu sammeln. Schließlich ist noch zu vermelden, dass der Sirdar (einheimischer Führer) unserer 4. Arbeitsgruppe, der im Kreis der internationalen Alpinisten bestens bekannte URKIEN, am 18. Mai 1960 zusammen mit zwei anderen Sherpas die Annapurna IV bestieg.

Die Erstbesteigung des Manaslu war das Ziel japanischer Bergsteiger. Zwei erste Versuche in den Jahren 1952 und 1953 schlugen fehl. Es kam zu einem massiven Protest naher Dorfbewohner, die den Japanern vorwarfen, den heiligen Manaslu entweiht und die Götter erzürnt zu haben. Diese hätten daraufhin eine Lawine zu Tal geschickt, die ein Kloster zerstörte und drei Priester tötete. Erst ein dritter Versuch im Mai des Jahres 1956 brachte den gewünschten Erfolg.

Als letzter noch verbliebener Achttausender folgte, nach vielen vorausgegangenen Versuchen, die alle fehlschlugen oder tragisch endeten, im Jahr 1960 der Dhaulagiri. KURT DIEMBERGER, mit dem ich 1957 auf der „MS Asia" die Schiffskabine von Genua nach Karachi teilte, gehörte zu den Erstbesteigern.

Es ist faszinierend. Ich kann mich nicht losreißen von diesem Anblick! Immer wieder drücke ich auf den Auslöser der Kamera und übersehe dabei, dass wir uns schon dem Kathmandutal, also dem Herzen des Landes nähern. Manche Einheimische sagen dazu gar nicht „Kathmandutal", sondern einfach „Nepal". Für sie ist beides synonym.

Dieses Gebiet umfasst eine Fläche von 560 Quadratkilometern, seine durchschnittliche Höhe beträgt 1400 m. Es herrscht ein angenehmes Klima mit einem Januarmittel von 10 °C und einem Julimittel, das bei 25 °C liegt. Eine halbe Million Menschen zählt man dort. Sie machen dieses Tal zu dem am dichtesten bewohnten Teil des ganzen Landes. In ganz Nepal leben im Jahr 1962 etwas weniger als 10 Millionen Menschen. Das ergibt, auf die Gesamtfläche umgerechnet, etwa 68 pro Quadratkilometer. Dabei ist zu berücksichtigen, dass die Hochgebirgsregion, die einen großen Teil des Landes ausmacht, nur sehr dünn oder gar nicht besiedelt ist. Auch vor diesem Hintergrund rückt die Bedeutung des hauptsächlich von Newars bewohnten Kathmandutales deutlich ins Bewusstsein. Der größte Teil von ihnen lebt von der Landwirtschaft. Den Boden bearbeiten sie nicht mit dem Pflug, sondern mit einer kurzstieligen Hacke, der Kodali. Mit dieser uns primitiv erscheinenden Methode und einem ausgeklügelten Bewässerungssystem erzielen sie zwei Ernten im Jahr.

Inzwischen befindet sich die DC 3 schon im Landeanflug. Die Gebäude und Plätze der Stadt zeichnen sich deutlich ab (Abb. S. 34/4, 5). Bis 1962 war Kathmandu von größeren Baumaßnahmen verschont geblieben. Das änderte sich jedoch bald. Was TONI HAGEN darüber berichtete, habe ich bereits zitiert. Diese beklagenswerte Entwicklung ist inzwischen noch viel weiter fortgeschritten!

In niedriger Höhe wird der Bagmatifluss überflogen. Die Treppenstufen und Steinmauern an seinen Ufern sind gut zu erkennen (Abb. S. 35/6, 7). Hier finden die religiösen Waschungen und die Leichenverbrennungen statt. Die Asche der Toten wird vom Wasser des Bagmati direkt dem heiligen Ganges zugeführt.

Nur noch wenige Minuten, dann setzt die Maschine auf dem Rollfeld von Kathmandu auf. Ich bin gerade zu einem Zeitpunkt angekommen, an dem ein hoher buddhistischer Würdenträger verabschiedet wird. Auf allerlei Instrumenten, die ich bisher nur aus Abbildungen kannte, werden durchdringende, für mein Ohr fremdartige Töne erzeugt. Eines dieser Instrumente ist ein menschlicher Röhrenknochen, reich verziert, dem ein Mönch einen lang gezogenen klagenden Ton entlockt. Der richtige Empfang also in einem Land, das für seine Toleranz den verschiedenen Religionen gegenüber bekannt ist.

Der Flug hat einen nachhaltigen Eindruck von der vertikalen Gliederung der einzelnen Landschaftsräume hinterlassen. Die Darstellung dieser Vegetationszonen durch SCHWEINFURT (1957) stand mir dabei klar vor Augen. Theoretisch kannte ich sie bereits, als ich mich mit der Planung meiner Geländearbeit und der dafür günstigsten Wegstrecke befasste. Ich hatte sogar eine farbige, sorgfältig ausgearbeitete Skizze davon angefertigt, die ich immer bei mir trug (siehe Diagramm S. 13). Das ganze Gebiet noch vor dem Beginn der Arbeit aus der Vogelperspektive betrachtet zu haben, bedeutete eine zusätzliche Motivation.

*

Kathmandu ist eine äußerst reizvolle, für uns Europäer natürlich exotische Stadt. Im Jahr 1934 wurden große Teile von ihr durch ein Erdbeben zerstört. Die weiß getünchten Häuser, die man danach errichtet hat, waren von einer anderen Bauweise. Es entstand die „New Road" mit ihrem auffallenden Torbogen. Dennoch sind noch viele der alten Bauten erhalten geblieben. Sie zeugen von der hohen Kunstfertigkeit, derer sich die Newars, eine altnepalische Rasse, zu Recht rühmen darf. Sie entwickelten einen Baustil, dem diese Stadt ihr unverwechselbares Gesicht verdankt: dunkelrote Backsteinbauten mit einem wunderbaren Fachwerk und reichen Schnitzereien an den Fenstern. Sie verwendeten dabei das Holz des Salbaumes (*Shorea robusta*), der dem tropischen Falllaubwald im Terai seinen Namen gab. Namentlich die vielen Tempel sind damit verziert. Über die Schrägbalken bis hinauf zum Dach ist der Reichtum an figürlicher Darstellung zu bestaunen. Die Motive sind ohne eine genauere Kenntnis der hinduistischen Religionsgeschichte natürlich kaum deutbar. Am auffallendsten sind sie sicherlich dort, wo die Erotik in den Vordergrund tritt. Doch auch diese Darstellungen wurzeln in der religiösen Glaubenswelt (Abb. 8 – 11).

Die Beschreibung dieser Sehenswürdigkeiten ist inzwischen längst in den Reiseführern nachzulesen. Ich will sie hier nicht wiederholen, muss jedoch einräumen, dass ein Spaziergang durch die alten Königsstädte Patan und Bhatgaon schnell dazu führen kann, den eigentlichen Zweck des Hierseins zu vergessen (Abb. S. 36/12 – 16 und S. 37/17 – 19). Staunend stehe ich vor dem Nyatpola, einer fünfstöckigen Pagode und damit zugleich der einzigen und höchsten im Land. Ihr Aufgang ist von geheimnisvollen Figuren gesäumt: zuunterst die beiden Riesen Jaga und Patta, jeder von ihnen zehnmal stärker und klüger als der stärkste und klügste Mensch. Es folgen in Abständen, links und rechts der Stufen postiert, jeweils zwei Elefanten, zwei Tiger und zwei Drachen, von denen die oberen Figuren jeweils um das Zehnfache stärker sind als die unter ihnen. Auf dem letzten Absatz thronen die Tigergöttin Baghini und die Löwengöttin Singhini, auch sie wiederum zehnmal stärker als die Drachen unter ihnen. Dieses furcht-

Abbildungen 8 – 11. An vielen Tempeln in Kathmandu sind die Stützstreben mit kunstvollen, teilweise erotischen Schnitzereien verziert. Die Schnitzkunst der Newars hatte im 17. Jh. ihre volle Blüte erreicht. Die beiden Figuren Shiva und Parvati sind auch als „Peeping Toms" bekannt.

erregende Ensemble ist geschaffen worden, um böse Geister fernzuhalten.

Auch andere Tempel zeigen diese oder ähnliche Figuren (Abb. 20 – 24). Den Nepalesen sind sie vertraut. Sie leben mit ihnen. Ich beobachte eine Frau, die der Todesgöttin Kali, welche die Köpfe ihrer Opfer in den ausgestreckten Händen hält, ein Reisopfer darbringt. Mit zusammengelegten Händen verharrt sie sekundenlang vor dem schrecklichen Bildnis. Der Tod wird hier einfach ganz anders wahrgenommen. Ich begegne einem Trauerzug weiß gekleideter Menschen auf ihrem Weg zu den Verbrennungsstätten am Baghmatifluss (Abb. 25). Sie sind fröhlich gestimmt, obwohl auch sie den Schmerz des Abschieds vom irdischen Leben empfinden.

Die Unterschiedlichkeit der Rassen und die Verschiedenheit ihres religiösen Brauchtums und ihrer Kleidung ist auffallend. Nepal gilt ja als ethnologische Drehscheibe Asiens. Diese Ethnien lassen sich ihrer Herkunft nach in zwei große Gruppen teilen: die aus dem tibetischen und die aus dem indischen Raum stammenden. Zur ersten gehören die Sherpas im Norden und die Bhotias im Osten des Landes. Daran schließen sich die Newars, Thamangs, Gurungs, Rais und Limbus an. Die aus dem indischen Raum kommenden setzen sich aus Brahmanen, Gurkhas und Tschetries zusammen (womit nur diejenigen aufgezählt sind, mit denen ich während meiner Reise durch Nepal selbst in Berührung gekommen bin).

Mein Rundgang durch Kathmandu führt mich zu immer neuen Plätzen und Tempeln und damit hinein in die Vergangenheit Nepals (Abb. 26 – 34). Ein architektonisch besonders

Abbildung 20. Der alte Königspalast Hanuman Dhoka.

Abbildung 21. Die legendäre Figur des Affengottes Hanuman ist in ein rotes Tuch gehüllt.

Abbildung 22. Das Tor zum alten Königspalast wird von einem Löwenpaar aus Stein bewacht.

24

Abbildung 23. Standbild der Todesgöttin Kali.

Abbildung 24. Tempel der Pockengöttin.

Abbildung 25. Ein Trauerzug in Kathmandu.

Abbildungen 26 – 34. Ein Rundgang durch Kathmandu führt zu immer neuen Plätzen und Tempeln.

Abbildung 27. Der Bhimsen-Tempel in Patan.

Abbildung 28. Ein Taxi im Jahr 1962.

Abbildung 29. Die „heilige Kuh" gehört zum Stadtbild Kathmandus.

Abbildung 30. In der Altstadt von Kathmandu.

Abbildung 31. Die Durbar Hall.

Abbildung 32. Die Tempelanlage am Durbar Square.

Abbildung 33. Ein Musikantengruppe.

Abbildung 34. Ein Straßenhändler bietet seine Waren feil.

anspruchsvoller Tempelbau ist dem Gott Krischna geweiht (Abb. 35). Die Wirklichkeit der Gegenwart lässt jedoch den Besuch eines anderen Gebäudes notwendig werden, den des Singha Durbar. Mit seinen 1800 Räumen ist es wohl das größte Regierungsgebäude Asiens. Es ist der Palast, den die Maharadschas der Rana-Dynastie sich bauen ließen. Heute sind alle staatlichen Behörden Nepals darin etabliert, darunter auch das Auswärtige Amt. Dorthin muss ich, denn mein Visum ist nur für den Besuch der Hauptstadt Kathmandu gültig. Um sie verlassen zu können, bedarf es einer besonderen Bewilligung, die ich nur im Singha Durbar erhalte.

Auf dem Weg dorthin komme ich durch einen Park, über den sich an diesem Morgen ein strahlend blauer Himmel wölbt. Um die Sonne hat sich ein weiter heller Ring gebildet, ein Halo, wie ich es noch nie zuvor gesehen habe. Minutenlang starre ich auf diese seltene Himmelserscheinung. Als ich den Blick von ihr abwende, kreuzt er sich sekundenlang mit dem einer geradezu überirdisch schönen Frau. Sie trägt ein langes weißes Gewand. Die Haut ihres Gesichtes ist pfirsichfarben, die mandelförmigen Augen tiefschwarz. Sie musste aus Zentralasien stammen, vielleicht eine Uigurin? Sittsam folgt sie einem alten Mann in nepalesischer Kleidung, vielleicht ihr Vater, ein höherer Beamter oder gar ihr Ehemann? Ich bin von ihrer Schönheit tief berührt. Immer wieder denke ich an diese Begegnung zurück.

Abbildung 35. Ein architektonisch besonders anspruchsvoller Tempel ist dem Gott Krishna geweiht.

Bildtexte zu den Abbildungen auf den nachfolgenden Farbseiten (33 – 40)

33	1	Blick aus der Flugzeugkanzel auf den zentralen Himalaja.
	2	Auf den Terrassen wird vorwiegend Reis angebaut.
	3	In vielen Schlingen durchschneidet der Kali Gandaki das Mittelland Nepals.
34	4, 5	Landeanflug auf Kathmandu. Die Gebäude und Plätze der Stadt zeichnen sich deutlich ab.
35	6, 7	Am Ufer des Bagmatiflusses finden religiöse Waschungen und Leichenverbrennungen statt.
36	12	Der Durbar Square in Patan (Lalitpur). Auf der Säule thront König Siddhi Narsingh.
	13	Vor fünfzig Jahren in den Straßen von Kathmandu.
	14	Der Durbar Square in Bhatgaon (Bhaktapur). Auf der Säule thront die vergoldete Statue von König Pratap Malla aus dem 17. Jahrhundert.
	15	Der Todesgöttin Kali wird ein Reisopfer dargebracht.
	16	Das Eingangstor zur „New Road". Es wurde nach dem Erdbeben von 1934 errichtet.
37	17	Das „Goldene Tor" in Bhatgaon.
	18	Die 30 m hohe, fünfstöckige Pagode Nyatpola, die 1708 erbaut wurde.
	19	Das alte Kathmandu aus dem Jahr 1962.
38	44	Der Raptifluss. An seinen Ufern wächst mannshohes Elefantengras.
	45	Der Salwald ist durch großflächige Rodungen bereits stark aufgelichtet.
	46, 47	Die Bewohner treiben hauptsächlich Landwirtschaft auf Äckern, die sie dem Teraiwald abgerungen haben.
39	52, 53	Der Liaison Officer G. B. GURUNG und die ornithologische Arbeitsgruppe mit Dr. G. DIESSELHORST und J. POPP (von links nach rechts).
	54	Blick auf den Lebensraum der im Raptital gesammelten Schmetterlinge.
	55	Das Panzernashorn im dichten Unterwuchs des Teraiwaldes.
	56	Der Hahn des Bankivahuhns, frischtot auf eine Expeditionskiste gestellt.
	57	Ein Hulmanaffe schaut uns neugierig von einem Salbaum herab zu.
40	59-64	Einige der im Raptital und bei Bhimpedi gesammelten Tagfalter. (Verzeichnis siehe S. 171)
	65	Eine auffallend gefärbte Art aus der Verwandtschaft der Feuerwanzen.

17

18

19

Kapitel 2

Im Terai

Über den neuen Tribhuvan-Highway nach Hitaura – Im Raptital – In der Heimat des
Panzernashorns – Zurück in Kathmandu – In der Ekanta kuna – Die Last mit den Lasten –
Unser Sherpaführer URKIEN aus Khumjung

Es blieb kaum Zeit, sich in Kathmandu umzusehen. Das war im Programmablauf des Forschungsunternehmens auch nicht vorgesehen. GERD DIESSELHORST, der ja schon früher eintraf, war bereits tätig gewesen und hatte dafür gesorgt, dass uns ab 21. März die für die Fahrt nach Hitaura und weiter ins Raptital hinein benötigten Kraftwagen zur Verfügung standen. Ich war schon gespannt auf dieses Dschungelgebiet entlang der indischen Grenze, das FILCHNER eine „Fieberhölle" genannt hat.

Die Straße, die uns bis Hitaura bringen soll, von wo aus eine Querverbindung in das Tal des Raptiflusses führt, ist der „Tribhuvan Paj Path", etwas großspurig auch „Tribhuvan-Highway" genannt (Abb. 36). Es ist die von Kathmandu aus einzige Verkehrsverbindung zur Eisenbahnstation Raxaul in Indien. Dort lässt sich dann die Reise oder der Transport von Waren auf der Schiene fortsetzen. Für den Güterverkehr nach Nepal hat diese Verbindung inzwischen existenzielle Bedeutung erlangt. Früher mussten alle Lasten auf den

Abbildung 36. Der Tribhuvan Paj Path verbindet die Hauptstadt Nepals mit Raxaul in Indien.

41

Abbildung 37. Die Personenbeförderung erfolgt mit Omnibussen, die bei Tata in Indien produziert werden.

Rücken ungezählter Träger über die Mahabharat-Berge geschleppt werden, darunter auch Autos und Maschinen. Die wurden vorher in ihre Einzelteile zerlegt und nachher wieder zusammengeschraubt.

Der Baubeginn dieser Straße reicht in das Jahr 1952 zurück. Vier Jahre hatte es gedauert, bis sie 1956 für den Verkehr freigegeben werden konnte. Angelegt wurde sie von der indischen Armee. Seitdem wird sie täglich von etwa 300 Lastkraftwagen und etwa 30 Personenwagen und Jeeps benutzt. Sie beginnt in Bhainse-Dobani und führt über mehrere Pässe, die bis 2750 m hoch ansteigen, in das Kathmandutal. Ihre Länge beträgt 138 Kilometer. Bereits vom Flugzeug aus ist mir die kühne Trassenführung an den steilen Bergflanken der Mahabharat Lekh aufgefallen. Da man nicht genügend Stützmauern baute, wird die Straße während der Monsunzeit häufig durch Erdrutsche verschüttet. Die notwendigen Instandhaltungsmaßnahmen hat inzwischen ebenfalls

die indische Armee übernommen. Um diese recht fragile Verkehrsverbindung zu entlasten, hat man zwischen 1958 und 1960 eine Luftseilbahn eingerichtet, die über Bhainse-Dobani nach Kathmandu führt und Lasten, insbesondere Benzin und Dieselöl, in die Hauptstadt befördert.

Straßen wie der Tribhuvan Paj Path sind für Nepal allein schon deshalb wichtig, um die im Mittelland erzeugten landwirtschaftlichen Produkte zu den Absatzmärkten zu bringen. Noch immer müssen die Bauern das selbst besorgen und ihren Rücken dafür krumm machen. Vor allem der Salztransport, ein wichtiger Bestandteil des von Norden nach Süden verlaufenden Tauschhandels, ist davon betroffen. Die Sherpas, die mit diesem Handel eine wichtige Einnahmequelle besitzen, holen das Salz aus Tibet und tauschen es weiter südlich gegen die ihnen fehlenden Nahrungsmittel wie beispielsweise Reis oder Mais ein. Nepal selbst verfügt über keine eigenen Salzlagerstätten. Die Menschen müssen sich also selbst um die Deckung ihres Bedarfs kümmern. In der Hauptstadt wird sie inzwischen von Händlern übernommen. Die Bewohner der weit im Land verstreuten Dörfer können oder wollen davon jedoch nicht profitieren; sie machen sich selbst auf die Wanderschaft. Die Zahl der Nepalesen, die jedes Jahr mehrere Wochen lang wegen dieses Tauschhandels unterwegs sind, wird auf rund zwei Millionen und damit auf ein Fünftel der Gesamtbevölkerung geschätzt (Abb. 37 – 38).

Auch für sie ist der Tribhuvan Paj Path eine willkommene Verbindungsstraße, die sie gerne nutzen, ohne deshalb auf die althergebrachte Art des Lastenschleppens zu verzichten. So begegnen sich auf dieser Straße zwei Epochen: Menschen zu Fuß, mit ihrer Habe auf dem Rücken, und wir, bequem an ihnen vorbeifahrend, mit all unserem Gepäck hinter uns auf dem Lastwagen.

Bei Thankot verlassen wir das Kathmandutal. Über steile terrassierte Lehmhänge geht

es hinauf nach Polung, das auf 1800 m liegt. Der Anstieg zur Mahabharat Lekh führt uns zu einer Passschwelle bei Simbhanjang, die mit 2750 m angegeben ist. Der gesamte Gebirgszug ist aus metamorphem Gestein aufgebaut und mit Eichen- und Rhododrendron-Wäldern bedeckt. Er wird von tiefen Schluchten durchschnitten. Besonders beeindruckt bin ich von dem teilweise sogar blühenden *Rhododendron arboreum*, der, wie der Name schon sagt, ein richtiger Baum ist (Abb. 39).

Bei Dhirshtung erreichen wir um die Mittagszeit eine weitere Kontrollstelle (Abb. 40) und wenig später ein unter dem Namen Bhalung bekanntes Teehaus. Immer weiter geht es bergab. Schließlich wird der Rhododendron-Wald von einem prächtigen Föhrenwald abgelöst, der sich überwiegend aus der Langnadelkiefer *Pinus roxburghii* zusammensetzt. Wir sind in Hitaura angekommen, dem Etappenziel des heutigen Tages.

*

Abbildung 38. Wer sich keinen Platz im Bus leisten kann, geht zu Fuß.

Abbildung 39. Blühender Rhododendron auf 2750 m Höhe in den Mahabharat Lekh.

Abbildung 40. Die Straßenkontrollstelle bei Dhirshtung.

Am nächsten Tag errichtet die gesamte 4. Arbeitsgruppe im Raptital westlich von Hitaura in 290 m Höhe ihr erstes Lager (Abb. 41). Mein Interesse ist vor allem auf die Hanglagen der Mahabharat-Berge gerichtet, die bis hierher herabreichen. In Bachbetten und Runsen, die kaum noch Wasser führen, kann ich durch dichtes Unterholz und über mächtige Granitblöcke ein Stück weit emporklettern. Es sind alles Laubhölzer, die ich hier antreffe, insbesondere aus der Verwandtschaft der Erlen- und Ahorngewächse, dazwischen immer wieder Bananenstauden. Es herrscht Trockenzeit. Die Tagestemperaturen liegen bei über 30 °C, die Luftfeuchtigkeit beträgt nur 30 %. Bei meiner Dschungelkletterei komme ich richtig ins Schwitzen (Abb. S. 39/54; Abb. 42 – 43).

Die Beobachtung der Tagschmetterlinge gestaltet sich recht abwechslungsreich. Da gibt es solche, die man nur an lichten Stellen zu Gesicht bekommt. Dazu gehören die Arten der Gattungen *Lethe* und *Mycale-*

sis. Dort, wo die steil einfallende Sonne das Bachbett erhellt, schwirrt ein geschwänzter Papilio der Gattung *Graphium*. Auf den sonnenbeschienenen Zweigspitzen haben *Neptis*-Arten ihren Stammplatz (Abb. 58). Zum ersten Mal begegne ich hier der bekannten *Kallima*, deren zusammengeklappte Flügel einem Blatt täuschend ähnlich sind und die man deshalb nur entdeckt, wenn sie gerade auffliegt oder sich setzt. Über ein Dutzend Bläulings-Arten konnten an den sonnigen Stellen des Geländes gesammelt werden. Regelrechte Schattenbewohner waren dagegen *Elymnias* und *Melanitis*.

Um einen möglichst großen Überblick über die hier vorkommenden Arten zu erhalten, probiere ich eine in Europa bekannte Lockmethode aus, die in Nepal sicherlich noch nie zuvor angewendet wurde: Ein Stück Käse, der aus einer von Entwicklungshelfern der „Swiss Technical Mission" bei Jiri eingerichteten Käserei stammt, wird in die Sonne gelegt. Nach einer geraumen Weile zeigt sich die Wir-

Abbildung 41. Unser erstes Lager im Tal des Raptiflusses.

Abbildung 42. Mein Sherpa LAKPA TSERING auf Insektenjagd an einem Bachlauf.

Abbildung 43. Ein mehr als zwei Meter hoher Termitenbau am Rand des Salwaldes.

kung, die der langsam ausströmende Geruch auf die Falter ausübt. Der erste, der sich einfindet, ist ein sehr kontrastreich gezeichneter Schmetterling mit silberner Unterseite und einer rotgoldenen Färbung auf der Flügeloberseite. Es ist eine *Curetis*-Art. Es gelang, insgesamt 60 Tagfalter- und Dickkopffalterarten in diesem Gebiet nachzuweisen.

*

Am 28. März verlegt die gesamte 4. Arbeitsgruppe ihr Lager noch weiter talabwärts. Die Gegend ist nur dünn besiedelt. Die Bewohner gehören mehrheitlich dem Volk der Tharus (Tharnau) an, das wie die Newars ebenfalls zu den altnepalischen Rassen gerechnet wird. Sie jagen und fischen, betreiben jedoch hauptsächlich Landwirtschaft. Die fortschreitende Rodung im Terai-

wald geht auf ihre Kappe (Abb. 48 – 50)! An größeren Rodungsflächen sind wir mehrfach vorbeigefahren. Die Felder, die dem Wald abgerungen wurden, waren staubtrocken (Abb. S. 38/45).

Der Teraiwald bei Hitaura und im westlich davon gelegenen Raptital, unserem Untersuchungsgebiet, dürfte inzwischen vollständig abgeholzt und in Ackerland umgewandelt worden sein. Die Bevölkerung hat sich hier mehr als verdoppelt, nachdem die Malaria aus FILCHNERS „grüner Hölle" ausgerottet ist. Es wird von primitiven Hütten und neuen Feldern inmitten verbrannter Wälder berichtet und vom Transport riesiger Stämme nach Indien. Die Ressource Wald wird für nachkommende Generationen jedenfalls nicht mehr verfügbar sein.

Abb. 48. Eine Siedlung im Raptital.

Abb. 49. Die Menschen leben in schmucklosen, einfachen Häusern.

Abbildung 50. Besucher in unserem Lager bei Megouli.

Nahe dem Zusammenfluss von Rapti und Narayani fanden wir eine für unser zweites Lager geeignete Stelle. Sie wurde unter dem Namen „Megouli" im Notizbuch festgehalten. Die Auskunft stammte von Arbeitern, die wir am Rand der Jeepstraße antrafen. Es waren Waldarbeiter im Dienst der Regierung, die mit Elefanten arbeiteten. Sie gaben uns wertvolle Hinweise, insbesondere, was die hier vorkommenden Säuger- und Vogelarten betraf. Der Liaison Officer GOVIND BAHADUR GURUNG, den wir als offiziellen Begleiter bei uns hatten, diente als Dolmetscher (Abb. S. 39/52 – 53).

Dieser Mann, der uns von den nepalesischen Behörden sozusagen als „Aufpasser" zugeteilt wurde und uns während der gesamten Expedition begleitet hat, gehört dem Volk der Gurung an, das den zentralen Teil Nepals südlich der Annapurna-Kette bewohnt. Sie leben dort in großen Dörfern, pflanzen Reis,

Mais und Hirse und halten Wasserbüffel. Auch dieses Volk gehört zu den altnepalischen Rassen nordöstlicher Herkunft. Viele seiner Menschen verdingten sich früher, ähnlich den Gurkhas, als Soldaten und leben heute von der Rente aus ihrer Militärzeit. Der westlichen Welt und ihren Einflüssen gegenüber sind sie sehr aufgeschlossen. Sie leiten daraus ein gewisses Überlegenheitsgefühl ab, mit dem sie ihrem Bildungsstand Geltung verschaffen. Es ist also durchaus nachvollziehbar, dass unser Verbindungsoffizier BAHADUR GURUNG ein Vertreter gerade dieser Ethnie ist und nicht etwa ein Thamang oder Sherpa.

Auch in Megouli befinden wir uns, wie schon im Lager I, im tropischen Falllaubwald, nach dem namensgebenden Salbaum (*Shorea robusta*) auch „Salwald" genannt (Abb. 51). Während dieser Jahreszeit ist der Boden dicht mit den trockenen Blättern dieses

Abbildung 51. Der Salwald grenzt direkt an die Hänge der Mahabharat Lekh.

Baumes bedeckt. Am Fluss entlang zieht sich ein Streifen mit Elefantengras, und auf der gegenüberliegenden Seite bedeckt dichtes Dornengestrüpp den Boden (Abb. S. 38/44). Beim Umherstreifen entdecke ich an einer feuchten Uferstelle die tiefen Fußabdrücke des indischen Panzernashorns (*Rhinoceros unicornis*). Man kann diesen vorsintflutlich anmutenden Koloss nur vom Rücken eines Elefanten aus beobachten. Kommt es im dichten Unterholz zu einer Begegnung, bleiben beide Tiere zunächst ruhig – das Nashorn vielleicht etwas nervöser als der Elefant – und wahren respektvollen Abstand. Dieses Verhalten ermöglicht es in der Regel, einige Aufnahmen zu machen. Meist zieht sich das Rhinozeros bald wieder in den dichteren Wald zurück (Abb. S. 39/55).

Gleich am ersten Abend besteige ich mit zwei anderen Expeditionsteilnehmern einen höheren Baum in günstiger Position. Wir hegen die Hoffnung, von dieser Warte aus Nashörner beim Wassertrinken am Rap-

tifluss beobachten zu können, leider vergeblich. Nur Axishirsche kommen in größerer Zahl aus dem Wald hervor. Als wir ganz in der Nähe den Tiger raunzen hören, bekommen wir es doch mit der Angst zu tun. Durch das hohe Elefantengras, jeder der Spur des Vordermannes folgend, eilen wir zum Lager zurück, wo wir noch rechtzeitig vor Einbruch der Dunkelheit eintreffen.

Am nächsten Tag begehe ich eine jener Dummheiten, die mir schon in Afghanistan unterlaufen sind und die sich getrost der Kategorie Leichtsinn (besser vielleicht: Unüberlegtheit aus Mangel an Erfahrung) zuordnen lassen. Als ich nämlich bemerke, dass sich nicht weit vom Lager entfernt in einem etwas lichteren Teil des Waldes kleine Hirsche aufhalten, besser unter dem Namen Munjak bekannt, lasse ich mir von Herrn POPP, der zugleich der „Großwildjäger" unserer Truppe ist, ein Gewehr geben. Der Teufel ritt mich eben mal wieder. Ich wate durch den Fluss, der hier nur etwa knietief ist, auf die andere Seite hinüber und pirsche mich an das Gehölz heran, in dem sich gerade zwei der Tiere aufhalten. Natürlich haben sie mich, trotz aller Vorsicht meinerseits, sofort entdeckt, scharren mit den Vorderfüßen und geben einen kurzen bellenden Laut von sich. Dann sehe ich sie nicht mehr. Statt auf der gleichen Spur zurückzukehren, gehe ich tiefer in den Wald hinein, folge einem Wildwechsel und gerate schließlich in das dichte Dorngestrüpp, das die langspießige *Acacia arabica* hier bildet. Es ist genau die Stelle, von der aus sich am Abend zuvor der Tiger gemeldet hat. Nun merke ich plötzlich, in welch unangenehmer Lage ich mich befinde! Das Herz schlägt oben im Hals und die Augen spähen ängstlich umher. Irgendwie bin ich aus diesem fürchterlichen Gestrüpp wieder herausgekommen. Eine derartige Exkursion war im Forschungsprogramm natürlich nicht vorgesehen. Ich habe auch nicht darüber berichtet.

Am Morgen des darauffolgenden Tages entdecken wir am Rand unseres Lagers frische Tigerspuren. Dass wir uns mitten im Wohngebiet dieser Großkatze befinden, wird uns jeden Abend stimmlich kundgetan. Immer dann, wenn der Pfau seinen Schlafplatz auf einem der höheren Bäume einnimmt und mit seinem lauten, miauenden Schrei das Ende des Tages ankündigt, erschallt die Stimme Shir Khans. Doch es ist merkwürdig: Obwohl JOHANN POPP ein Wildschwein geschossen hatte, das er aufbrach und zwei Meter hoch an einen Baum hing, machte sich der Tiger nicht daran zu schaffen. Ich vermute, dass der Geruch von uns Menschen – wir waren immerhin fünf „Langnasen" und fünf Nepalesen – ihn ferngehalten hat. Doch aufregend war es allemal, auch noch hinterher. Der schwarzgesichtige Hulman-Affe (*Semnophitecus entellus*) auf einem der hohen Bäume über dem Lager wird wohl alles mitbekommen haben. Er durfte sich sicher fühlen in seiner luftigen Höhe (Abb. S. 39/57).

Eine andere Begebenheit ist es auch noch wert, erzählt zu werden. Ich meine die Geschichte mit dem „Kikeriki". Von diesem Ruf wurde ich schon am frühen Morgen geweckt, das heißt zunächst verschmolz er mit einem Traum: Ich war wieder auf dem Bauernhof in Eschenbach bei Markt Erlbach, etwa 50 km westlich von Nürnberg, wohin mich die Evakuierung verschlagen hatte und wo ich nach dem Ende des Krieges noch eine Weile lebte. Der Ruf wiederholt sich ein paar Mal, und als ich blinzelnd die Augen öffne, blicke ich nicht etwa hinaus auf einen fränkischen Misthaufen, sondern auf die Innenwand meines Zeltes. Ja, träume ich denn nicht? Da krähte doch eben ein Hahn! Unser Koch hat doch keine lebenden Hühner mitgenommen? Schnell bin ich draußen und eine Schrotflinte ist auch gleich zur Hand. Vor mir raschelt es, ich erkenne bunte Federn – und tatsächlich: Ein Hahn mit goldbraunen Federn, dunklen Schwingen und einem tiefroten Kamm will soeben im Unterholz verschwinden. Mein Schuss zerreißt die morgendliche Stille, und vor mir liegt ein männlicher Vertreter des Bankivahuhns (*Gallus gallus*), der Urtyp unseres Haushuhns. Zu einer Freilandaufnahme reicht es ja nun nicht mehr. Auf eine Expeditionskiste gestellt und verdeckt festgehalten gibt er, frisch geschossen und für seine Neugierde bestraft, doch noch ein brauchbares Foto ab, ehe sein Fleisch im Suppentopf landet. Sein Balg wird in einer Schublade der ornithologischen Kollektion der Zoologischen Staatssammlung in München der Nachwelt erhalten bleiben (Abb. S. 39/56).

Die Trockenheit, die gerade im Teraiwald herrscht, hat leider verhindert, eine größere Ausbeute an Nachtfaltern zusammenzutragen. Obwohl ich allabendlich pflichtschuldigst die Petromaxlampe in Betrieb nehme, kommt doch nichts Besonderes an Arten angeflogen. An der Luftfeuchtigkeit kann es nicht liegen. Sie beträgt um 18 Uhr schon 80 % und um 22 Uhr sogar 96 %. Allerdings fällt die Quecksilbersäule zur gleichen Zeit von 19 °C auf 13 °C ab. Außerdem herrscht Vollmond, der erfahrungsgemäß den Anflug der Tiere stark beeinträchtigt. Bei den Tagfaltern war das Resultat besser (Abb. 58; Abb.

Abbildung 58. Falter der Gattung *Neptis* ruhen gern auf sonnenbeschienenen Zweigspitzen.

S. 40/59 – 64). Unter den übrigen Insekten war eine große, rot gefärbte Feuerwanze bemerkenswert (Abb. S. 40/65).

Ich beschließe daher, vor der Rückreise nach Kathmandu noch das untere Bhimpeital in den südlichen Ausläufern der Mahabharat Lekh aufzusuchen. Es liegt bereits 730 m hoch und verspricht deshalb bessere Lichtfangergebnisse als die Wälder am Rap-

tifluss. Im Gegensatz zu diesen hat allerdings der menschliche Einfluss hier in noch weit größerem Umfang seine Spuren hinterlassen. Der Falllaubwald am Fuß der Talhänge ist durch periodisches Abbrennen, übermäßige Beweidung und planlosen Raubbau zwecks Futter- und Brennholzgewinnung bereits zu Grunde gerichtet worden. Sicherlich waren auch Erdrutsche während der Monsunzeit daran beteiligt. Wegen der fortschreitenden Erosion an den abgeholzten Hängen werden sie in Zukunft noch zahlreicher auftreten (Abb. 66 – 67).

Dennoch baue ich hier Zelt und Leuchttuch auf und warte gespannt auf den Anflug. Er blieb spärlich, war aber trotzdem besser als in den Nächten zuvor im Raptital. Mit *Spilarctia*, *Nyctemera* und *Asura* kommen auch die ersten Vertreter der sogenannten Bärenspinner an das Licht. In den Morgenstunden erfreuen mich die prachtvollen Ritterfalter *Papilio polyctor* und *Papilio latreillei*, die an Pfützen gierig Wasser aufsaugen.

Abbildung 66. Bei Bhimpedi waren die Wälder durch übermäßige Nutzung bereits weitgehend zerstört.

Abbildung 67. Unter dem letzten noch vorhandenen Urwaldriesen habe ich Zelt und Leuchttuch für den Lichtfang aufgestellt.

Abbildung 68. Zum Frühlingsfest waren in Kathmandu die aus Stein gemeißelten Bildnisse der Götter mit roter Farbe bemalt.

Am 8. April ging es zurück nach Kathmandu. Alle Plätze und Tempel waren von fröhlichen Menschen belebt, die sich mit roter Farbe bemalt hatten. Selbst die in Stein gehauenen Götter und Halbgötter blieben davon nicht ausgenommen (Abb. 68–69). Ich musste höllisch aufpassen, um nicht selbst meinen Teil davon abzukriegen. Man feierte gerade das Baladschu-Fest. Das geschah zu Ehren eines Gottes, der in waagrechter Position vor mir lag. Er war von Schlangenköpfen eingerahmt und mit Blüten bestreut (Abb. 70).

Um die Bedeutung der verschiedenen Gottheiten zu begreifen, müsste man tief einsteigen in die Religionsgeschichte des Hinduismus. Ich begnüge mich mit dem, was mein Auge sieht und was die Empfindung des Geschauten in mir wachruft. Dazu gehören so profane Dinge wie Tieropfer, die

Abbildung 70. Auf den liegenden Gott Vishnu hat man Blüten gestreut.

Abbildung 69. Der von einer Schlangenhaube geschützte Buddha.

zunächst abstoßend wirken, die aber natürlich auch ihren tieferen Sinn haben. Verwunderlich wird die Sache erst dann, wenn rituelle Handlungen, die tief in der Tradition verwurzelt sind, mit den Attributen einer technisierten Welt in Verbindung gebracht werden. So mutet es zum Beispiel fremdartig an, auf hoch entwickelten Werkzeugmaschinen plötzlich den blutigen Kopf eines Zickleins zu sehen. Oder Blutspritzer auf Arbeitstischen, die mit dem technischen Zeichnen, jedoch nichts mit einem Schlachthaus zu tun haben. Doch den Göttern ist auch in einer modernen Welt die gebührende Ehre zu erweisen! So saust denn abermals der Kukri nieder und trennt den Kopf vom Rumpf des nächsten Opfertieres (Abb. 71 – 72).

*

Das Standquartier unseres Forschungsunternehmens liegt im Stadtteil Jawalakhel, schon etwas außerhalb der Stadt, aber doch noch gut 15 km von den bewaldeten Bergen des Kathmandutals entfernt. Das geräumige

Haus, in dem wir hier wohnen dürfen, trägt den Namen Ekanta kuna (Abb. 73). Es ist solide aus Stein gebaut und fällt durch seinen freundlichen gelben Anstrich auf. In diesem Gebäude ist die „Swiss Technical Mission" untergebracht, das Schweizer Hilfswerk, das viele Jahre unter der Leitung von TONI HAGEN stand und viel für die wirtschaftliche Entwicklung Nepals geleistet hat. Umgeben ist es von einem Gartengelände. Darin fand ich an einem Granatapfelbaum eine Raupe aus der Familie der Lasiocampidae, außerdem mehrere leere Kokons des Atlasspinners (*Attacus atlas*), dem größten Schmetterling der Welt (nach Flügelfläche gemessen).

Alle Projekte, die hier zum Tragen kommen, haben praktische Ziele und nichts mit jener Art von Entwicklungshilfe zu tun, die bereits in den oberen Etagen der Regierungsbehörden versandet. An vorderster Stelle steht immer noch der Aufbau einer modernen Milchwirtschaft. Dazu gehört überall dort, wo von der Viehhaltung her gesehen günstige Voraussetzungen gegeben sind, wie zum Beispiel im Mittelland bei den Orten

Abbildung 71. Opferung eines Zickleins während des Baladschu-Festes.

Abbildung 72. Selbst in den Werkstätten wurden Maschinen und Arbeitstische mit blutigen Opfergaben versehen.

Thodung oder Jiri, Käsereien einzurichten. In Nepal war das vorher noch gänzlich unbekannt. Inzwischen hat man in Kathmandu an vier Punkten Milchsammelstellen geschaffen, an denen täglich 5000 Liter Milch von Wasserbüffeln angeliefert werden. Eine zentrale Molkerei ist inzwischen in der Lage, Milch zu pasteurisieren oder sie mit Hilfe moderner Geräte in Butter oder Rahm zu verwandeln. In vier Käsereien werden jährlich mehr als 30 Tonnen erstklassigen Käses produziert.

Bereits im Jahr 1952 schickte die Food and Agriculture Organisation (FAO) einen Molkereifachmann aus der Schweiz nach Kathmandu. Dieser Mann errichtete im Langtang-Tal die höchstgelegene Käserei der Welt. Weitere mit der Käseherstellung vertraute Spezialisten folgten und produzierten unter anderem einen „Himalaya-Gruyère", der vor allem im nahen Indien reißenden Absatz fand.

In der Ekanta kuna, das heißt unmittelbar vor Ort, schlägt das organisatorische Herz aller dieser Projekte, zu denen auch der Wege- und Brückenbau sowie die Erschließung abgelegener Gebiete durch den Einsatz kleiner Flugzeuge gehören. Ich habe die Möglichkeit, abends mit den Schweizern am Tisch zu sitzen und ihnen zuzuhören, wenn sie von ihren Tageserlebnissen berichten. Die beiden Piloten haben viel zu erzählen. Sie geben abenteuerliche Geschichten von riskanten Start- und Landemanövern auf den Gletscherhängen der Himalajaberge zum Besten. Ihre beiden Maschinen hat das Internationale Komitee des Roten Kreuzes in Genf zur Verfügung gestellt, um Medikamente und Lebensmittel zu den Flüchtlingslagern im Norden des Landes zu transportieren. Das wiederum macht den Bau einfacher Landepisten erforderlich. In unserem vorgesehenen Untersuchungsgebiet gibt es eine solche in Jiri sowie eine in Mingbo, einem Seitental am Fuße des Mount Everest.

Besonders spannend war natürlich die Schilderung, die der allzeit zu Späßen aufgelegte Mechaniker und Copilot EMIL WICK von sich gab. Mit einer Pilatus

Abbildung 73. Das von der Swiss Technical Mission gemietete Haus „Ekanta kuna" im Stadtteil Jawalakhel war unsere Zwischenstation in Kathmandu.

Porter PC-6, der sie den Namen „Yeti" gaben, flogen er und Ernst Saxer bis hinauf zu einem Firnfeld am Dhaulagiri in 5700 m Höhe. Das bedeutete zugleich den Höhenweltrekord für die Landung eines Flugzeuges. Sie wiederholten sie siebzehn Mal! Dann allerdings geschah ein Unfall, den beide Piloten glücklicherweise überlebten, während die Maschine zu Bruch ging.

Hier begegne ich auch dem Mann, dem 1939 zusammen mit Heinrich Harrer die Flucht aus einem britischen Internierungslager nach Tibet gelang, der sich aber immer recht bescheiden im Hintergrund gehalten hat: Peter Aufschnaiter. Anders als Harrer blieb er noch längere Zeit in Tibet, bis auch er dem Einmarsch der Chinesen weichen musste. Seine ausgezeichnete Kenntnis der tibetischen Sprache wie überhaupt der tibetischen Lebensart hat ihn zu einem begehrten Konsultanten der in Kathmandu ansässigen Botschaften, insbesondere der Schweiz und

der Bundesrepublik Deutschland, werden lassen. Es war allerdings nicht leicht, mit ihm, dem Wortkargen, ins Gespräch zu kommen.

Den etwas längeren Aufenthalt von rund zwei Wochen in Kathmandu nutzte ich, um die alten Königsstädte Patan und Bhatgaon, die große Stupa von Bodnath sowie die berühmte Stupa von Swayambunath, die älteste überhaupt, zu besuchen. Der Aufgang zu ihr über die vielen, im Laufe von Jahrhunderten ausgetretenen Stufen ist allein schon ein Erlebnis. Seite um Seite ließe sich füllen mit der Schilderung des hier Geschauten (Abb. 74).

*

Am 24. April war nach vorausgegangenen Vorbereitungen, insbesondere dem Einkauf von noch fehlendem Proviant, der Tag gekommen, an dem sich die Träger auf einem Vorplatz der Ekanta kuna einfanden, um ihre Lasten in Empfang zu nehmen. Damit beginnt jede Himalaja-Expedition.

Für die Sahibs ist es ein Tag, an dem sie gut ausgeruht sein sollten. Jegliche Nervosität oder Ungeduld wäre hier fehl am Platz und könnte die Stimmung aller Beteiligten, auf die es gerade vor dem Aufbruch so sehr ankommt, in eine falsche Richtung lenken. Gut gepackte Lasten, das heißt, ihnen ein möglichst ausgeglichenes Gewicht gegeben zu haben, sind von ausschlaggebender Bedeutung. Eine Federwaage, mit der das Gewicht der Traglast überprüft und die von den Trägern auch sehr genau in Augenschein genommen wird, ist das unbestechliche Maß aller Dinge. In einer langen Reihe aufgestellt warten sie schon seit dem frühen Morgen auf ihre Registrierung. Siebzig sogenannte „Tieflandträger" sind es, die wir benötigen, um fast ebenso viele Kisten und sonstige Lasten wie Säcke mit Reis, Linsen usw. zu den ersten Etappenzielen im Mittelland zu befördern (Abb. S. 73/75 – 76).

An einem kleinen Tisch hat der gesamtverantwortliche Expeditionsleiter Platz genommen, an seiner Seite der Sirdar, der für den täglich Umgang mit allen einheimischen Expeditionsteilnehmern zuständig ist. Dazu gehört auch das Schlichten eventueller Streitigkeiten und die Verantwortung für die Einhaltung der festgelegten Tagesetappen. Auf dem Tisch liegt eine vorbereitete Liste mit den Namen der Träger, die nun einzeln aufgerufen werden. Jeder erhält einen Vorschuss auf seinen Lohn, der 5 Rupien pro Tag beträgt. Dafür schleppen sie eine Last, die ziemlich genau 30 kg wiegt. Diese Last bekommen sie von mir ausgehändigt. Quittiert wird mittels Daumenabdruck in einer auf der Liste dafür freigelassenen Stelle. Beim Abrollen des Daumens auf dem Stempelkissen sind der Sirdar URKIEN und Sahib POPP behilflich (Abb. S. 73/ 77 – 78).

Es vergehen mehr als zwei Stunden, bis alle Träger abgefertigt sind, ihre Lasten aufgenommen und sich nach Osten in Richtung Sankhu in Bewegung gesetzt haben. Wir folgen etwas später nach. Bis zum Ende

Abbildung 74. Der Treppenaufgang zur berühmten Swayambunath Stupa.

des Kathmandutales gibt es eine mit Autos befahrbare Straße, danach beginnt der Aufstieg zum Sankhu La, dem ersten noch recht harmlosen Pass auf unserem Weg zur Hauptkette des Himalaja (Abb. S. 73/ 79 – 80). Der Name „La" taucht im Reisebericht als Wortzusatz oder Ergänzung eines geografischen Namens noch öfters auf und bezeichnet stets dasselbe, nämlich einen Pass oder eine Passschwelle, also den Übergang auf einem Berg oder in einem Gebirge.

*

Von den Sherpas wusste ich natürlich schon vor meiner Reise nach Nepal. Als unentbehrliche und tapfere Begleiter von Alpinisten aus vielen Ländern haben ihre heldenhaften Taten bei der Besteigung zahlreicher Sieben- und Achttausender Eingang in die Reiseliteratur gefunden. Die Bilder zeigen kräftige junge Männer mit Schlitzaugen und meist lachenden Gesichtern. Mit unserer Sherpa-Mannschaft, die uns von nun an begleiten wird, haben wir Glück. Auch sie setzt sich aus erprobten Burschen zusammen, die das nicht zum ersten Mal machen. Ihr Führer, unser Sirdar, und damit der den technischen Ablauf überwachende Leiter der gesamten einheimischen Expeditionsmannschaft, ist der berühmte URKIEN aus Khumjung. Ihm wurden bereits in jungen Jahren Kränze der Anerkennung und des hohen Lobes geflochten. Der nachfolgende Text stammt von NORMAN HARDIE, dem Bezwinger des Kangchenzönga, des dritthöchsten Berges der Erde:

„URKIEN ging bei HILLARY in die Lehre, als dieser die Kundfahrt des Neuseeländischen Alpenklubs leitete. Bei den Angriffen auf die Bergwelt des Baruntals bestieg URKIEN mehr Gipfel als irgendein andrer Sherpa. Er bewährte sich außerdem glänzend als Heilgehilfe, Dolmetscher und Diener und verriet Führereigenschaften. Später gehörte er zu der kleineren Gruppe, die sich der Annapurnakette widmete. Von da kehrte er mit blendenden Zeugnissen und einem englischen Wortschatz zurück. Immerhin musste er mich bitten, ihm einige nicht ganz begriffene Ausdrücke zu übersetzen, so „O mein Liebling!" und „Danke, süßer Schatz". Auf dem Kangchenzönga leistete er so Hervorragendes, dass man ihm den zweiten oder dritten Rang unter allen Teilnehmern zuerkannte. Aber auch ein als Bergsteiger weniger nützlicher URKIEN wäre seiner stets guten Laune, seiner musikalischen Fähigkeiten und seiner schönen Singstimme wegen bei mir immer willkommen gewesen. Dem Anführer der Sherpas verleiht man die Würde eines Sirdars oder Oberaufsehers. Dieses Amt gedachte ich URKIEN in meinem Unternehmen zu" (HARDIE 1959).

URKIEN lebt in Khumjung, einem berühmten Sherpadorf auf unserem Weg zum Khumbu-Gletscher. In meiner Planung spielt dieses Dorf als Standquartier für die in der 4000-m-Zone vorgesehene entomologische Feldarbeit eine wichtige Rolle. Dort hat URKIEN von seinem Vater ein Haus geerbt, in dem seine Mutter und zwei jüngere Schwestern wohnen. Vier Jahre lang hat URKIEN als Träger zwischen Indien und Tibet geschuftet, um Geld für ein zweites Haus zu verdienen. Als er es beisammen hatte, kaufte er das Haus seines Schwiegervaters und heiratete.

Als Besitzer zweier Häuser gehört er nun zu den reicheren und angesehenen Bewohnern seines Heimatdorfes, was ihn jedoch nicht davon abhält, weiterhin bei den Sahibs, egal ob sie nun als Bergsteiger oder Naturwissenschaftler ins Land kommen, Dienst zu tun. Er versicherte mir, sich so an dieses Leben gewöhnt zu haben, dass er sich ein anderes gar nicht mehr vorstellen könne. Es sei auch immer wieder schön, nach Monaten eines freien Wanderlebens nach Hause zu kommen, um dort den Nachwuchs zu inspizieren, der sich in schöner Regelmäßigkeit einstellt. Drei Söhne sind es bereits.

Kapitel 3

Im Vormonsun durch das Mittelland

Bei den Thamangs – Zum Ting Sang La – Durch das Tamba Kosi-Tal nach Thodung – Zwei Wochen Höhenanpassung bei 3100 m – Im feuchtheißen Tal des Likhu Khola

Außer den Sherpas LAKPA TSERING, ATASCHI und PEMBA SHERPA gehörten zu meiner Kerntruppe, die mir über die gesamte Dauer des Unternehmens im Jahr 1962 anvertraut war, auch zwei Thamangs, nämlich der Koch SUNSUBIR THAMANG und der Postläufer MAILA THAMANG. Um es gleich vorwegzunehmen: Sie haben ihre Arbeit genau so zuverlässig verrichtet wie die drei Sherpas.

Die Thamangs siedeln in verschiedenen Gebieten des Mittellandes, oft in direkter Nachbarschaft zu den Newars. Wie diese zählen auch sie zu den altnepalischen, aus den Weiten Tibets stammenden Rassen. Je nach der topografischen Lage ihrer Dörfer bauen sie im jährlichen Wechsel – ähnlich unserer Dreifelderwirtschaft – Reis, Mais, Hirse und Gerste an, in den höheren Lagen sogar Kartoffeln. Auf unserem Marsch durch das Mittelland durchqueren wir immer wieder ihr Wohngebiet. Ihre Häuser machen einen sehr soliden Eindruck. Sie sind weiß verputzt und mit einem Dach aus Stroh versehen.

Die Thamangs sind Buddhisten. Sie errichten Gömpas, das sind kleine Klöster oder Tempel, und drehen fleißig ihre Gebetsmühlen. Ihre Priester sind Lamas, die sich an den Festtagen in rote Gewänder kleiden und eine rote Mütze tragen. Ihr Oberhaupt ist der Chine-Lama in Bodnath bei Kathmandu. Dorthin ziehen auch die Menschen dieses Volkes zum alljährlichen Religionsfest, das mit großem Aufwand gefeiert wird.

Heute, am 25. April, steigen wir in das Indrawati-Tal hinab. Wie ein Heerwurm zieht sich unsere stattliche Trägerkolonne an den Hängen oberhalb des Flusses entlang.

Hier befinden wir uns bereits im Einzugsbereich des Sun Kosi, der im Osten des Landes auf den in Nord-Süd-Richtung die Himalaja-Hauptkette durchbrechenden Arun trifft und mit diesem vereint westlich von Biratnagar dem Ganges zufließt. Die Geröllmassen, die der Indrawati auf seinem wilden Weg durch die Gebirgsschluchten mit sich führt, haben das Flussbett aufgefüllt. Nahe der Brücke und Ortschaft Pul-Bazar, die URKIEN „Saretar" nennt, schlagen wir in 1700 m Höhe unser Lager auf. Hier sehe ich zum ersten und einzigen Mal auf dieser Reise Einbäume im Fluss, die wir jedoch nicht benutzen müssen (Abb. S. 74/81).

Am Nachmittag beginnt es zu regnen. Für den Monsun ist das eigentlich noch zu früh, denn der setzt gewöhnlich erst Anfang Juni ein. Heute hält der Regen jedoch die ganze Nacht über an; außerdem ist es recht kühl. Mit dem Lichtfang habe ich wieder kein Glück. Tagsüber war vor allem die Jagd nach Käfern lohnend. In einem noch wasserführenden Bachbett drehen Taumelkäfer (Gyrinidae) unermüdlich ihre Kreise. An verpilzten Blättern im Laub unter einem Mangobaum sitzen zahlreiche, den Anisotomiden ähnliche Tiere. Im Kuhdung, den ich ebenfalls durchstöbere, wühlen Mistkäfer aus der Familie der Scarabaeidae.

Schon drei Jahre nach meiner Rückkehr aus Nepal haben Spezialisten aus Prag, Krakau, Zürich und Wien ihre wissenschaftlichen Arbeiten über die von mir gesammelten Käferarten veröffentlicht. Allein von den Dungkäfern der Gattung *Aphodius* kamen 12 Arten zusammen, davon mit *A. eberti, A. decoctor, A. jirianus, A. nepalensis* und *A. montisamator* gleich fünf Neuentdeckungen. Von den Catopidae hatte ich dagegen nur zwei Exemplare mitgebracht, doch auch sie haben sich als zwei für die Wissenschaft neue Arten erwiesen (*Ptomaphaginus oribates* und *Catops eberti*). Artenreicher war dagegen die Ausbeute an Carabiden (Laufkäfer). Sie enthielt 23 neue Arten und führte zur Aufstellung einer neuen Gattung (*Ebertius* nov. gen.). Aus der Untergattung *Meganebrius* kamen weitere vier Arten dazu. Die nahe stehende Gruppe der Sandlaufkäfer (*Cicindela*) konnte durch drei neue Unterarten erweitert werden. Die Familie der Maikäfer (Melolonthidae) hat Konsul GEORG FREY (München-Tutzing) mit einer neuen Gattung (*Nepaloserica*) bereichert. Bei der Typusart handelte es sich um *Nepaloserica procera*, von der ich im Juni 1962 bei Thodung und im Likhu-Kola-Tal insgesamt 57 Exemplare gesammelt hatte. Weitere fünf neue Arten aus dieser Familie kamen noch hinzu. Unter den Weichkäfern (Canthariden und Malachiiden) gab es insgesamt vier neue Arten.

Der Regen hält auch an den folgenden Tagen noch an. Über terrassierte Lehmhänge, an denen während der Monsunzeit überwiegend Reis angebaut wird, geht es auf schlüpfrigen Pfaden hinauf nach Naulapur und Chautara. Um die Dörfer herum wachsen neben Bananen auch andere subtropische Pflanzen wie Euphorbien und Agaven, zu denen sich noch mächtige Banyanbäume gesellen (Abb. S. 74/82, 84; Abb. 83). Auf brachliegenden Reisfeldern errichten wir ein weiteres Lager. Tags darauf verläuft der Weg ziemlich eben an Hängen entlang, die mit niedrigen Sträuchern und Gebüschen bewachsen waren. Für den Wanderer sind Himbeeren als schmackhafte Wegzehrung willkommen. Dann geht es plötzlich steil hinab in das Tal des Balephi Khola. Bei Balephi Bazar bauen wir, wiederum in 1700 m

Höhe, ein neues Lager auf. Notiert wurde: „Mächtige Granitblöcke, feuchter Laubwald mit dichtem Unterwuchs, vor allem in Flussnähe. Lichtfang durch Talwind erheblich gestört."

Schon am nächsten Tag ziehen wir weiter nach Barahbise, wo es erste Schwierigkeiten mit den Trägern gibt. Als sie hören, dass wir zum Ting Sang La hinauf wollen, weigern sich viele, weiterzugehen. Es kommt zu stundenlangen Verhandlungen, bei denen natürlich auch um den Lohn gefeilscht wird. Lässt man sich auf eine Erhöhung ein, verliert man zwar ein Stück Autorität, kann jedoch andererseits die Mobilität der Truppe günstig beeinflussen. Wir haben ihren Lohn etwas erhöht und damit die Fortsetzung unseres Marsches zum Ting Sang La mit denselben Trägern erreicht.

Nach langem Hin und Her verlassen wir Barahbise. Plötzlich tauchen in der Nähe unseres Weges Chinesen auf. Sie waren mit Vermessungsarbeiten beschäftigt. Es sind in der Tat Straßenbauer aus China, die hier eine Trasse abstecken. Dabei handelt es sich um ein Stück des geplanten „Aniko-Highway", der über eine Länge von 104 km von Kathmandu über Barahbise nach Kodari an der tibetischen Grenze führen soll, um dort die Verbindung zur Straße nach Lhasa herzustellen. Für mich verbindet sich damit der Ausblick in eine nahe Zukunft, die dem Reisenden sicherlich ein anderes Nepal bescheren wird, als ich es noch erleben darf.

In solchen Gedanken versunken folge ich den Trägern, die schon ein Stück weit voraus sind, und mache mich an den Aufstieg durch dichten *Castanopsis*-Wald zu den Hängen oberhalb des Sun Kosi (Abb. S. 75/85; S. 77/96, 97). Nahe der Einmündung des Kahare Khola errichten wir bei 2150 m ein neues Lager. Inzwischen hat sich auch die Stimmung wieder gebessert, woran eine beginnende Schönwetterperiode mit Temperaturen über 20 °C maßgeblichen Anteil hat. Am Abend steht neben dem obligatorischen Gemisch aus Reis und Dal noch „Hähn-

Abbildung 83. Um die Häuser der Thamangs im nepalesischen Mittelland wachsen Bananen und andere subtropische Pflanzen.

chenschlegel" auf der Speisekarte. Vorläufig befinden sich diese von uns bevorzugten Körperteile allerdings noch in ihrer natürlichen Lage, das heißt am wohlgenährten Körper eines stattlichen Hahnes, der in einem weitmaschigen Korb lebend hier heraufgetragen wurde. Sherpa ATASCHI, den wir einfach „Tante Anna" nennen – er ist ein wenig füllig und hat ein weiches, feminines Gesicht – war so unvorsichtig, den Deckel zu diesem Korb etwas mehr als nötig anzuheben. Der Gockel erkannte sofort seine Chance und war blitzschnell, noch ehe der erschrockene ATASCHI etwas dagegen tun konnte, aus seinem Gefängnis entwichen. Schnurstracks rannte er in das nahe Unterholz und ließ von dort schon nach kurzer Zeit seinen Ruf erschallen. Es klang recht hämisch in unseren Ohren. Vermutlich wollte er damit die ebenfalls lebend mitgeführten Hennen auffordern, es ihm gleichzutun.

Nun entwickelt sich ein regelrechtes Katz- und Mausspiel. Mit der Schrotflinte

bewaffnet dringe ich in das Gebüsch ein, in das er verschwunden war. Bald sehe ich sein weißes Gefieder zwischen den Zweigen hervorlugen. Eine treffliche Zielscheibe, wenn sie nur für einen Augenblick stillhalten wollte! Der Hahn hat mich natürlich auch bemerkt und in richtiger Einschätzung der Lage immer tiefer in das Gebüsch hineingelockt. Es ist eine aufregende Jagd, auf die ich mich da eingelassen habe. Eine kleine Lichtung wird dem Ausreißer schließlich zum Verhängnis. Für einen Augenblick steht er frei sichtbar und äugt zu mir herüber. Das genügt. Den Schuss hat er wohl nicht mehr gehört. Als ich völlig zerzaust mit meiner Trophäe ins Lager zurückkomme, spenden mir Sherpas und Thamangs fröhlich Beifall. Das Abendessen war gerettet.

Die entomologischen Beobachtungen, die ich in diesem Abschnitt des Mittellandes notiere, haben an Artenzahl und Qualität deutlich zugenommen. Erstmals wurde mir ein Rotwidderchen gebracht, das sich als

Epizygaena caschmirensis erwies. Trotz eifrigen Suchens konnte an der bezeichneten Fundstelle kein weiteres Tier mehr gesichtet werden. Auch der zu den Chalcosiinae zählende *Campylotes histrionicus*, der an meiner Zeltwand saß, ist das einzige Exemplar seiner Art geblieben, das ich hier fand. Eine Auswahl der gesammelten Insekten wird abgebildet (Abb. S. 76/86 – 93).

Ein einsamer Mönch, der an unserem Lagerplatz vorbeikam und das entomologische Treiben bemerkte, wurde neugierig und wollte wissen, was es damit auf sich hat. Er war überaus freundlich und zeigte sichtbares Interesse. Mit großem Vergnügen erklärte ich ihm anhand gesammelter Insekten und den dazu angefertigten Notizen und Zeichnungen den Zweck unserer Reise. Naturkundliche Forschung war für ihn kein Neuland. Er hatte schon davon gehört und wies darauf hin, dass man sich auch im Kreis der Mönche darüber unterhielt – natürlich aus einer ganz anderen Perspektive. GURUNG BAHADUR übersetzte fleißig meine Ausführungen, so dass ein ziemlich informatives, allseits befriedigendes Gespräch entlang der Berührungslinie zweier Kulturkreise zustande kam (Abb. 94, 95).

*

Am 3. Mai rüsteten wir uns zum Anstieg auf den Ting Sang La. An diesem Tag sind 1650 Höhenmeter zu überwinden – für die Träger (aber auch für uns) eine ordentliche Leistung! Zunächst führt der Weg durch einen niedrigen, unterwuchsreichen *Castanopsis*-Wald, der bald von einem aus verschiedenen *Quercus*-Arten bestehenden Eichenwald und später von *Rhododendron*- und *Bambus*-Dickichten abgelöst wird. Mit zunehmender Höhe wird es feuchter. Die Bäume sind reichlich mit epiphytischen Gewächsen behaftet. Die Gattung *Quercus* ist in den immergrünen Eichenwäldern der Hügelstufe mit acht Arten vertreten. Von der Gattung *Rhododendron* hat

Abbildung 94 – 95. Ein Mönch zeigte Interesse an meiner entomologischen Arbeit.

Abbildung 95. Aufmerksam blättert er in den Heften.

man in Nepal (alle Höhenstufen) bisher etwa ein Dutzend Arten gezählt.

An der oberen Grenze des Eichenwaldes stoßen wir auf eine Ansiedlung, in deren Umkreis Kartoffeln angebaut werden. Die Bäume, deren Laub als Viehfutter genutzt wird, werden oft bis zur Unkenntlichkeit gestutzt (Abb. 98; S. 78/103). In einer kleinen Gömpa machen wir Rast. Direkt vor ihrem Eingang hat man an langen Stangen Gebetsfahnen aufgehängt (Abb. S. 78/100). Hier finde ich Gelegenheit, mir einen solchen Ort religiöser Hingabe näher anzusehen. Schnell zeigt sich, dass die figürliche Darstellung der Gottheiten auf dem Altar wie auch deren bildhafte Wiedergabe an den Wänden und auf Thangkas nicht auf eine zentrale Figur ausgerichtet ist. Buddhas und Bodhisattvas finden sich ebenso darunter wie schrecklich anmutende Drachengestalten. Davor reihen sich Butterlämpchen aneinander. Dazu gehören ferner Requisiten, die bei den verschiedenen liturgischen Handlungen Verwendung finden wie Gebetsmühle, Glocke und Trom-

Abbildung 98. Bis zur Unkenntlichkeit geschneidelte Eichen, deren Laub als Viehfutter genützt wurde.

63

mel. Der Raum ist in ein düsteres Licht getaucht, nur von der Tür dringt Helligkeit herein. Ich muss das Blitzgerät auspacken, um Aufnahmen machen zu können (Abb. S. 78/99, 101 – 102).

Götter der lamaistischen Religion sind **Tschagdor**, der den Donnerkeil schwingt und Unfälle verhindert, Manjusri, der die Weisheit verleiht, Tschenresi, der Barmherzigkeit walten lässt und Amitajus, der ein langes glückliches Leben spendet. Tsongkapa wird im Lamaismus im gleichen Atemzug mit Buddha genannt. Er wird als die Inkarnation von Amitabha angesehen, dem bedeutendsten aller Buddhas der Mahajana-Lehre, einer etwa hundert Jahre nach Christus entstandenen Richtung des Buddhismus. Amitabha ist die Gnaden spendende Zentralfigur im Paradies Sukhawati.

In der Gömpa waren auch die Abbildungen der „vier großen Könige" Namböse, Jukorschung, Pagjepo und Tschenmigsang zu sehen. Ihre Aufgabe besteht darin, die Dämonen fernzuhalten. Sie sind in grellen Farben dargestellt und von züngelnden Flammen, Tigern und Drachen eingerahmt. Eine kreisrunde Scheibe versinnbildlicht das Universum mit den Welten der Götter, Menschen und Dämonen.

Bei einer Höhe von 3000 m sind wir im Nebelwald angekommen (Abb. S. 79/104). Die Stämme, Äste und Zweige der Rhododendronbäume sind dicht mit Moosen und Flechten überzogen. Der Wald erscheint geradezu geisterhaft! Hinzu kommen Pflanzen wie zum Beispiel ein meterhohes Aronstabgewächs (*Arisaema nepenthoides*), eine auf den Fang kleiner Insekten spezialisierte Fallenpflanze. Sie wird wegen ihrer Giftigkeit vom Vieh gemieden und kommt deshalb in beweideten Wäldern recht häufig vor. Hier passt sie vollkommen zu diesem Milieu, das dem Bühnenbild in einer Märchenoper gleicht (Abb. S. 80/105 – 107).

Oberhalb dieses Rhododendrongürtels schließen sich ohne Übergang kurzrasige Matten an. Sie gehören bereits zu den Sommerweiden der Solu-Sherpas. Hier begegne ich auch erstmals dem Yak und diversen Yakbastarden. Eine Frau trägt eine Wiege mit einem Säugling auf dem Rücken. Den Tragriemen hat sie oberhalb der Stirn um den Kopf geschlungen. Es ist dies die in Nepal übliche Art der Gepäckbeförderung, sei es nun eine schwere Last mit Expeditionsgut, eine Kiepe, oder wie hier eine Tragwiege. Das Gewicht ruht immer auf dem Scheitel, nicht auf dem Rücken (Abb. S. 87/137).

Südlich des Ting Sang La schlagen wir bei 3800 m die Zelte auf. Die Lufttemperatur geht nicht über 15 °C hinaus, die Luftfeuchtigkeit liegt schon am Vormittag bei 50 %. Nachts klettert sie auf 90 %, während die Temperatur auf + 4 °C absinkt. Schon am Abend setzt starker Nebel ein. Am zweiten Tag unseres Aufenthaltes am Ting Sang La geht ein heftiger Hagelschauer nieder, der einen Temperatursturz auf nahe 0 °C zur Folge hat. Unsere Träger sitzen frierend und zähneklappernd eng beisammen und wollen zurück in die tieferen und damit wärmeren Lagen. Es gelingt uns jedoch mit einiger Mühe, sie mit einer frisch geschlachteten Ziege und einem extra Zelt, das wir für sie aufstellen lassen, einigermaßen bei Laune zu halten. Tieflandträger steigen normalerweise nicht bis in Lagen über 3000 m hinauf. Für solche Höhen sind sie gar nicht ausgerüstet. Sie laufen barfuß und sind meist nur mit einem leichten Hemd und einem Lendenschurz bekleidet. Wenn es auf einer Etappe zu Neuschnee oder Frost kommt, stellt sich für diese Menschen unmittelbar die Existenzfrage. Da hilft auch keine Erhöhung des Trägerlohnes mehr (Abb. S. 80/108).

Nur am ersten Tag haben wir, witterungsbedingt, mit dem Lichtfang Glück. Angesichts des kalten Bergnebels, der um uns herum wogt, probiere ich es mit einer schon zu Hause (allerdings ohne Nebel!) mehrfach angewandten Methode: Das große weiße Leintuch, normalerweise senkrecht an zwei Zeltstäben befestigt, wird flach auf dem Boden ausgebreitet und die beiden 500-kerzigen Petromaxlampen einfach daraufgestellt. Der Geisterwald um uns herum erhält durch den Lichtschein, der ihn jetzt durchdringt, ein wahrhaft gespenstisches Aussehen. Plötzlich fallen Schneeflocken herab, wie ich sie noch nie zuvor gesehen habe. Es sind lebendige Schneeflocken, wohlgemerkt, mit reinweißen, nur von dünnen schwarzen Adern durchzogenen Flügeln und einem goldfarbenen Haarbüschel am Ende des Hinterleibes. Immer mehr werden es. Bald ist das große Bodentuch von einer dicken Schicht dieser Tiere bedeckt. Es ist ein Schmetterling, der mit unserem Eichenprozessionsspinner (*Thaumetopoea processionea*) näher verwandt ist. Sein Name ist *Gazalina chrysolopha*. Ich habe dieser wissenschaftlichen Bezeichnung noch eine andere hinzugefügt: Himalajaschnee!

Die Individuendichte dieser „Nebelwaldpopulation" ist überwältigend! Die Art scheint im Himalajagebirge weit verbreitet zu sein. Sie wurde schon im 18. Jahrhundert von KARL KOLLAR, Reisender auf der Fregatte „Novara", einem österreichischen Forschungsschiff aus der „k. u. k.-Zeit", gefangen und beschrieben, offenbar nur nach einem einzigen Exemplar. Einen Hinweis auf die zumindest lokal ungewöhnliche Häufigkeit dieser Art konnte ich in der älteren, von mir überprüften Literatur nicht feststellen. Vier Jahre später sollte ich ihr noch einmal begegnen – in Afghanistan, gut 2000 km entfernt! Dort, nahe der Grenze zu Pakistan, war noch ein Stück Himalajawald erhalten geblieben, allerdings ohne den für die Höhenlage um 3000 m typischen nebelfeuchten Rhododendron-Koniferenwald. Damit hatte auch die Population von *Gazalina chrysolopha*, an dieser Stelle dann höchst individuenarm vorkommend, die äußerste Westgrenze ihres Areals erreicht.

Doch auch andere Schmetterlinge fesseln meine Aufmerksamkeit, allen voran ein großer, dunkler, dickleibiger Nachtfalter mit geheimnisvoll anmutenden Zeichnungen auf den spannenlangen Flügeln. Es war *Brahmaea wallichii*. Ihr Verbreitungsgebiet liegt im Himalaja und in den östlich sich anschließenden, bis in den Süden Chinas hineinreichenden Waldgebieten.

Auch hier ist eine tiergeografische Besonderheit zu vermerken: Völlig unerwartet wurde im Jahr 1963 eine *Brahmaea*-Art entdeckt, die sich, Tausende von Kilometern vom Areal ihrer nächsten Verwandten entfernt und damit räumlich völlig isoliert, in einem kaum bekannten Waldgebiet im Süden Italiens verborgen hielt. Sie ist heute unter dem Namen *Acanthobrahmaea europaea* in der entomologischen Fachliteratur zu finden. Im Internet kann die Art unter der Bezeichnung „Europäischer Brahmaspinner" nachgeschlagen werden (HARTIG 1963; SAUTER 1967).

Fast so groß wie die Falter von *Brahmaea wallichii* sind die beiden Arten *Arichanna consocia* und *Erebomorpha fulguraria*. Sie gehören zur Familie der „Spannerartigen Nachtfalter" (Geometridae), die sich normalerweise aus wesentlich kleineren Arten zusammensetzt. Schade, dass mir an den drei Lichtfangabenden, die ich hier durchführe, das Wetter immer wieder einen Strich durch die Rechnung macht. Entweder zwingen Regen, Gewitter oder Hagelschauer zum vorzeitigen Abbruch, oder es ist sternenklar und so kalt, dass sich kein Nachtfalter mehr sehen lässt.

*

Am Morgen des 9. Mai breche ich mit meiner Gruppe zur nächsten Etappe auf. Wir überqueren die Passhöhe und treffen dort auf einen prächtigen Wald, der mit alten Tannen durchmischt ist. Allerdings fällt mir auf, dass einige der Bäume nur noch als verkohlte meterhohe Stümpfe aus dem Boden ragen. Mit der Gewinnung von Holzkohle wird hier ein unverantwortlicher Raubbau getrieben, der nicht mehr gut zu machen ist (Abb. S. 80/109, 110).

Die Wälder Nepals bilden einen natürlichen Reichtum des Landes, der jedoch durch unproduktive Rodungen sinnlos vergeudet wird. Neben dem Salwald im Terai sind es die Eichen- und Nadelwälder des höher gelegenen Berglandes, von denen hier die Rede ist. Im Kathmandutal steht die Brennholzgewinnung an oberster Stelle. Die Folge davon ist, dass alle umliegenden Berghänge schon weitgehend abgeholzt sind. Vom Flugzeug aus kann man es besonders gut erkennen. Nach dem Gesetz dürfen gesunde Bäume nicht gefällt werden. Die Nepalesen behelfen sich jedoch damit, die Stämme ringförmig einzukerben, worauf der Baum langsam abstirbt. Ist das erst einmal geschehen, darf er auch umgehauen werden.
Hauptursache für die Vernichtung der Wälder ist die Gewinnung von Ackerland. Dies führt zu beträchtlichen Schäden durch eine immer weiter fortschreitende Erosion. Nur dort, wo neue Reisterrassen angelegt werden, tritt sie weniger in Erscheinung. Der Schaden durch die Gewinnung von Brennholz und Holzkohle wird heute durch den erhöhten Holzbedarf für den Trekking-Tourismus verursacht. An dieser Stelle sei erwähnt, dass sich unter den schätzungsweise 6500 Pflanzenarten, die es in Nepal gibt, etwa 500 Baumarten befinden. Doch nicht allein der Wald mit seinen zahlreichen endemischen Pflanzengesellschaften, sondern auch die daran angepasste autochthone Fauna gehen damit unwiederbringlich verloren.

Abwärts steigend gelangen wir nach der Durchquerung des Koniferenwaldes wieder in die Eichenstufe und noch weiter talwärts in den Bereich der Terrassenfelder am Oberlauf des Tamba Kosi. Bei der Tschetrie-Siedlung Bigu haben wir in 2600 m Höhe unser Etappenziel erreicht. Die Tschetries siedeln an verschiedenen Stellen des Mittellandes. Bezüglich ihrer Herkunft berufen sie sich auf die aus Indien eingewanderten Brahmanen und auf die Kriegerkaste der Kschatrias. Eigentlich stammen sie aus Mischehen, welche die Brahmanen im Laufe der Zeit mit Newars, Thamangs und Gurungs eingegangen sind. Es sind Hindus, die jedoch mit ihren buddhistischen Nachbarn friedlich zusammenleben.

Bei Bigu umgibt uns dichter Laubwald mit starkem Unterwuchs an den Hängen. Ahorn- und Eichenarten wechseln sich ab, dazwischen immer wieder *Rhododendron* in mehreren Spezies, zum Teil gerade blühend. Epiphytische weiß blühende Orchideen der Gattung *Coelogyne* erfreuen das Auge. In Wassernähe wachsen Erle, Waldrebe und Schneeball. Der Boden ist mit verschiedenartigen Kräutern bedeckt, darunter knöterich- und springkrautartige Gewächse (Abb. S. 82/112).

Das Wetter hat sich deutlich gebessert. Tagsüber messe ich 20 °C; um 21 Uhr sind es immer noch 10 °C. Allerdings setzt im Laufe der Nacht starke Taubildung ein, was den Lichtfang leider recht empfindlich stört. Mit dem Nebel kommen die Nachtfalter weitaus besser zurecht! Am Tage habe ich hier erneut Gelegenheit, die Aristolochienfalter der *Papilio-atreillei*-Gruppe zu beobachten und zu fotografieren (vgl. Abb. S. 76/90). Während sie an blühenden Sträuchern Nektar aufnehmen, fächeln sie unablässig mit ihren samtigen, in Schwarz und Karminrot prangenden Flügeln – ein unvergesslicher Anblick! Die Engländer haben ihnen deshalb den Namen „windmill" gegeben. Überall an den Steinen hängen weiße, mit tiefschwarzen Zeichnungsmustern verzierte Stürzpuppen. Aus ihr schlüpfen die braunen, dunkel gezeichneten Falter von *Pareba issoria anomala*, eine zur Familie der Acraeidae gehörende Art (Abb. S. 82/113 – 116). Auch andere Tagschmetterlinge wie die zu den Edelfaltern (Nymphalidae) zählende

Cethosia biblis (Abb. S. 82/117) oder *Argyreus hyperbius* (Abb. S. 82/118) fliegen umher.

Eine große, dicht behaarte Raupe, die ich unterwegs an verschiedenen niedrigen Sträuchern fand, erwies sich später, als der Schmetterling geschlüpft war, als die Art *Trabala vishnou*, eine grünlich gefärbte Lasiocampide, also weitläufig mit unserer heimischen Kupferglucke (*Gastropacha quercifolia*) verwandt (Abb. S. 83/123 – 124). Besonders beeindruckend war natürlich der Vogelflügler *Troides aeacus* (s. Schutzumschlag) mit einer Spannweite von gut zehn Zentimetern. Seine nächsten Verwandten fliegen in Malaysia und auf den großen und kleinen Sundainseln. Es war schwer, an ihn heranzukommen. Die Tiere flogen meist in Wipfelhöhe der Bäume und wechselten dabei öfters von einer Talseite zur anderen (Abb. S. 83/120, 121). Ein bunter, jedoch kleinerer Schmetterling ließ sich ebenfalls am Tag blicken, obwohl er nicht zu den Tagfaltern gehörte: *Epistema adulatrix*, eine Art aus der Familie der Agaristidae (Abb. S. 83/122).

Drei Tage später wandern wir weiter, das Tamba Kosi-Tal abwärts. Hier verläuft der Pfad durch ausgedehnte Wälder, die sich fast ausschließlich aus der Langnadelkiefer (*Pinus roxburgii*) zusammensetzen. Der harzige Duft, der uns umfängt, ist unbeschreiblich. Ich habe nie wieder eine Landschaft erlebt, die allein durch den intensiven Harzgeruch, den sie verbreitet, so nachhaltig über Nase und Lunge auf mich einwirkte (Abb. S. 81/111). Immer wieder tauchen zu beiden Seiten des Flusses Terrassenkulturen auf. Auf den Feldern beobachte ich mehrmals in größerer Zahl Rhesusaffen, die hier nach Nahrung suchen. Eine andere Affenart, der langgeschwänzte Langur, sitzt auf dem Ast einer Föhre und genießt die warme Abendsonne. Es ist eine Landschaft, die Wohlbehagen ausströmt und Mensch und Tier friedlich stimmt. An der Tamba Kosi-Brücke bei Bikuti schlagen wir an diesem heiteren Tag unser Lager auf.

Am nächsten Tag steigen wir durch den ambrosisch duftenden Kiefernwald wieder die Berghänge hinauf. Bis jetzt sind wir bei unserer Wanderung durch das Mittelland – von den chinesischen Straßenplanern abgesehen – noch keinem Fremden begegnet. Außerhalb der Dörfer kreuzen nur wenige Bauern unseren Weg, hin und wieder auch rot gekleidete Mönche, die uns freundlich grüßen. Die Stille ringsum, dieses Sichverlieren in einer Landschaft, die mich immer wieder mit neuen Bildern überrascht, hinterlässt einen tiefen und nachhaltigen Eindruck.

Allmählich wird der Kiefernwald kümmerlicher und hört schließlich ganz auf. Die Hänge sind mit niedrigen Gebüschen bedeckt, darunter wilden Johannisbeersträuchern mit wohlschmeckenden Früchten. Im Gegensatz zu unserer einheimischen Sorte (*Ribes rubrum*) sind sie gelb statt rot und schmecken etwas süßlicher. Über dem Gebüschgürtel stockt ein feuchter Laubwald mit Magnolien- und Rhododendronbäumen.

Unmittelbar oberhalb der Koniferenstufe kommt es zu einer einmaligen Beobachtung: Eine beträchtliche Anzahl Schmetterlinge hat sich an einigen Büschen eingefunden, über denen sie sich in einem eigenartigen tanzenden Flug ständig auf- und abbewegen. Dieses Verhalten erinnert mich sofort an den Tanzflug einer Langfühlermotte (*Adela viridella*), den man im zeitigen Frühjahr in unseren mitteleuropäischen Laubwäldern beobachten kann. Hier ist es jedoch kein kleiner, metallisch schillernder Falter mit langen fadenförmigen Fühlern, sondern ein mittelgroßer bunter Schmetterling. Bei meinem Näherkommen wird dieses Spiel jäh unterbrochen. Die Falter trachten danach, hangaufwärts zu entkommen, wobei sie sich zumeist senkrecht in die Höhe schrauben. Einige von ihnen kann ich jedoch erwischen. Es war, wie sich später herausstellte, *Campylotes histrionicus*, eine Art aus der Unterfamilie Chalcosiinae, die zur großen Familie der Zygaenidae (Widderchen) zählt.

In ihrem Aussehen, das von den Grundfarben Rot und Schwarz dominiert wird

Abbildung 125. In Jiri hat das Schweizer Hilfswerk eine Molkereigenossenschaft gegründet. Auch ein kleines Krankenhaus wurde dort gebaut.

und gelbe Zeichnungsmuster enthält, erinnert sie entfernt an unsere „Spanische Fahne" (*Panaxia quadripunctaria*). Auch diese fliegt manchmal in großer Zahl an sonnenbeschienenen Waldwegen und saugt dort im Hochsommer an den Blüten des Wasserhanfs. Den „Tanzflug" beherrscht sie allerdings nicht. Dafür findet man sie auf der Insel Rhodos zu Tausenden im sogenannten „Schmetterlingstal", wo sie zur Attraktion für Touristen geworden ist.

In einer Mattenregion unterhalb des „Jiri-Passes" mit vielen Farnkräutern, die sich erfolgreich der Beweidung widersetzen und immer weiter ausbreiten, errichten wir bei etwa 3000 m unser Lager. Wir sind hier in einer Gegend angelangt, in der das Schweizer Hilfswerk intensive Bodenbewirtschaftung betreibt. Obenan steht die Gewinnung von Weideland durch die Entwässerung sumpfiger Talwiesen, was natürlich gleichzeitig zu

Einbußen bei autochthonen Vegetationsgesellschaften führt. Auch an den Hängen sind bereits die Spuren einer starken Beweidung durch Wasserbüffel erkennbar (Abb. 125).

Dieses landwirtschaftliche Vorzeigeprojekt der Schweizerischen Entwicklungshilfe wird als ein bilaterales Hilfsprogramm verstanden. Es umfasst eine Fläche von insgesamt 700 Quadratkilometern mit dem Hauptort Jiri. Das gesamte Gebiet gehört zu den mittleren und höheren Lagen des Mittellandes und reicht in Thodung, unserem nächsten Etappenziel, sogar bis 3100 m hinauf. Im Jahr 1955 nahm dieses Projekt seinen Anfang. Zu ihm gehören Viehzucht und Weidewirtschaft und deren wirtschaftliche Nutzung und Vermarktung in Form modern eingerichteter Käsereien. Die heimische Bevölkerung wurde hier erstmals mit der Heuernte nach schweizerischem Vorbild und ihren Vorteilen für die Viehhaltung vertraut gemacht. Man legt außerdem Wert auf den Aufbau eines Genossenschaftswesens, zu dem auch medizinische Betreuung und ein kleines Krankenhaus gehören, das erst zwei Jahre vor unserer Ankunft eingerichtet wurde. Bei Thodung wird ebenfalls Käse erzeugt. Dafür stehen dort über 600 Kühe (Tsauris) zur Verfügung, die Produktionskapazität liegt bei ungefähr zehn Tonnen pro Jahr.

Wir bleiben einige Tage hier, haben jedoch mit dem Lichtfang wieder kein Glück, da es am Abend, wie schon bei Bigu, zu Abkühlung und starker Taubildung kommt. Außerdem stören die hellen Mondnächte, welche die Wirksamkeit des Lichtes erheblich beeinträchtigen. Am Tag erregt eine mit unserem Baumweißling (*Aporia crataegi*) verwandte Art, *Metaporia agathon*, meine Aufmerksamkeit. An einer feuchten Stelle haben sich Hunderte von Exemplaren versammelt, um dort das offensichtlich durch gelöste Mineralien angereicherte kostbare Nass aufzusaugen (siehe Abb. S. 76/93).

*

Vom nächsten Etappenziel, das den Namen Thodung trägt, erhoffte ich mir einen umfassenden Aufschluss über die Insektenfauna des gemäßigten feuchten Rhododendron-Koniferenwaldes. Er tritt in Nepal nur an der Südflanke der Himalaja-Hauptkette auf und spielt, sowohl was die vertikale als auch horizontale Verbreitung der Tier- und Pflanzenarten angeht, eine wichtige Rolle. Die noch weitgehend zusammenhängenden Waldbestände bei Thodung schienen mir dafür das geeignete Untersuchungsgebiet zu sein. Außerdem hatte ein längerer Aufenthalt in dieser Waldzone den Vorteil, mich für die noch vor mir liegende Wanderung in die alpine Höhenstufe gut akklimatisiert zu wissen.

Der Weg führt zunächst durch eine intensiv genutzte Kulturlandschaft mit schweren Lehmböden und terrassierten Hängen.

Durchschnitten wird sie vom wilden Khimti Khola, den man auf einer Brücke bei der Ortschaft Pete überquert. Über die Brücken in Nepal ist schon viel geschrieben worden. Ich will mich deshalb zurückhalten und nur soviel zu diesem Thema mit der Bemerkung beitragen, dass Angst bei der Nutzung dieser oft recht gewagten und manchmal auch äußerst reparaturbedürftigen Konstruktionen kein guter Wegbegleiter ist. Mein persönliches Problem bestand darin, dass die Ketten oder die Lianen, die zum Festhalten dienen und den Tritt auf das schmale, schwankende, oft sogar morsche Brett absichern sollen, für meine Begriffe zu weit auseinander liegen. Ein Orang Utan mit seinen langen Armen hätte damit sicherlich keine Schwierigkeiten gehabt. Dieser Umstand zwingt manchmal zu einem schaukelnden Gang – notwendig, um mit der Links-Rechts-Bewegung des Oberkörpers das Seil- oder Kettengeländer auch richtig in den Griff zu bekommen. Genau diese Bewegung ist es jedoch, die das ganze Bauwerk erst richtig zum Schwanken bringt. Der Blick richtet sich unwillkürlich auf die eigenen Füße und damit zugleich hinunter zum mächtig dahinrauschenden Fluss – ein gefährlicher Moment, der dir suggeriert, mit dem Wasser fortgespült zu werden (Abb. 126)!

Hat man erst einmal einen der tief eingeschnittenen Flüsse glücklich überquert, geht es auf der anderen Seite meist gleich wieder steil bergauf. So auch im Tal des Khimti Khola. Jetzt heißt es, den Pfad nach Sherpa Gong hochzuklettern, der zunächst durch einen schönen Eichenwald führt, allmählich aber in einen feuchten Rhododendron-Koniferenwald übergeht. Nach stundenlangem Aufstieg ist endlich Thodung erreicht. Das ist nicht etwa ein Dorf oder gar eine größere Ortschaft, sondern nur ein über mehrere Kuppen verteiltes Waldgebiet mit kleinen, von Büschen bestandenen Lichtungen (Abb. S. 84/127, 128). Der Wald besteht, wie schon der Name der hier vorherrschenden Vegetationsstufe sagt, aus Nadelhölzern und Rhododendren, wobei sich der Anteil der Koniferen

Abbildung 126. Die Überquerung schwankender Hängebrücken erforderte höchste Konzentration.

aus hohen Tannen und Fichten zusammensetzt. Dazwischen sind Laubhölzer wie Ahorn und Eberesche eingestreut. Auf den Lichtungen gibt es Rosaceen wie *Prunus*- und *Rubus*-Gewächse sowie Sauerdorn-Gewächse (Berberidaceae); die offenen Flächen sind mit einem kurzen Gras und mit Farnkräutern bedeckt. Moose und Flechten umhüllen die Stämme und Äste der Tannen, aus denen rosafarbene Orchideen der Gattung *Dendrobium* hervorlugen (Abb. S. 85/129 – 130). Der Wald ähnelt dem am Ting Sang La, hat aber doch wegen des hohen Anteils an Fichten und Tannen ein strukturell anderes Aussehen.

Mittlerweile hat der Monsunregen begonnen. Die Sonne zeigt sich nur selten und meist nur am Vormittag. Es ist kühl und feucht. Nieselregen ist an der Tagesordnung, aber auch stärkere Regenfälle stellen sich ein. Am Abend kommt es häufig zu starker Nebelbildung. Dann steigt auch die Temperatur bis auf 10 °C. Hält der Nebel an, bleibt

auch die Quecksilbersäule konstant, verzieht er sich jedoch, fällt sie schnell auf + 4 °C ab.

Dies waren die Voraussetzungen, auf die ich mich mit dem Lichtfang einzustellen hatte. Am Tag war die Beobachtung von Insekten, insbesondere der Schmetterlinge, auf ein Minimum beschränkt. Lediglich der Kleine Perlmutterfalter (*Issoria lathonia*) flog in der Himalajarasse ssp. *issaea* vereinzelt umher (Abb. 131). Lohnend war dagegen die Suche nach Käfern. Viele der bereits erwähnten, für die Wissenschaft neuen Laufkäferarten hielten sich hier unter morschen, überall herumliegenden Baumstämmen und Ästen versteckt. Oft saßen Dutzende beisammen.

Das auffallendste, am Tag fliegende Tier war *Aethopyga nipalensis*, ein kleiner Nektarvogel, mit einem in bunten Farben schillernden Gefieder und einem dünnen, gebogenen Schnabel. Er flog vereinzelt zwischen blühenden Berberitzensträuchern. Die Gruppe der Nektarvögel (Nectariniidae) ist in Nepal

Abbildung 131. Auf einer Lichtung flog vereinzelt der Kleine Perlmutterfalter. Hier ein Weibchen bei der Eiablage.

übrigens mit insgesamt acht Arten vertreten und kommt vom Terai bis in Höhen um 4000 m vor (Diesselhorst 1968).

Der Unterschied zwischen einer äußerst artenreichen Nachtfalterfauna und einer ausgesprochenen Artenarmut bei den Tagfaltern war eklatant. Eine ins Detail gehende Beschreibung dieser Verhältnisse habe ich bereits früher gegeben (Ebert 1966). Sie soll hier, der Vollständigkeit dieses Reiseberichtes wegen, noch einmal aufgeführt und durch populärwissenschaftliche Zusätze ergänzt werden.

Eingeleitet wurde der abendliche Lichtfang durch den noch bei Tageslicht beginnenden Hepialidenflug. Mit „Hepialiden" bezeichnet man eine unter dem Namen „Wurzelbohrer" besser bekannte, sehr urtümliche Schmetterlingsfamilie. Die Falter fliegen nur während einer kurzen Zeitspanne vor Einbruch der Dunkelheit und fallen durch ihr eigenartiges Flugverhalten auf. So machen zum Beispiel die Männchen durch sogenannte „Pendelflüge", die der Anlockung der Weibchen dienen, auf sich aufmerksam. In Mitteleuropa kann man das an bestimmten Abenden, an denen der Hopfenwurzelbohrer (Hepialus humuli) oft massenhaft

in Wiesen auftritt, gut beobachten. Hier in Thodung kamen die Tiere niedrig über dem Boden fliegend zum Licht. Sie gehörten zwei verschiedenen Arten an, eine dritte wurde später im Dudh Kosi-Tal gefangen. Alle drei waren neu für die Wissenschaft und führten zur Aufstellung der neuen Gattung Thitarodes.

Mit Einbruch der Dunkelheit kam für gewöhnlich Nebel auf, die Temperatur stieg an und der Anflug setzte ein. Von den vielen registrierten Arten möchte ich die wiederum sehr häufige, ja massenhaft auftretende Gazalina chrysolopha, daneben aber auch die Gruppe der „Eulenspinner" (Thyatiridae) besonders hervorheben. Der Himalaja scheint ihr Mannigfaltigkeitszentrum zu sein. Nicht weniger als 14 der gesammelten Arten und Unterarten, die, wie die Arten der Gattung Gaurena, oft durch ein eindrucksvolles goldenes oder silbernes Zeichnungsmuster auf den Vorderflügeln auffallen, waren neu für die Wissenschaft! Unter den nicht minder prächtigen Bärenspinnern waren Arten der Gattungen Spilarctia, Diacrisia und Alphaea reichlich vertreten. An einen großen hellgrauen Spanner erinnerte Cyclidia rectificata. Recht häufig war auch eine der sphingiformis nahestehende Mustilia-Art, die ich schon am Ting Sang La festgestellt hatte. Die mir ebenfalls von dort bekannte Brahmaea wallichii kam auch hier an das Licht geflogen, ebenso Arten der Gattungen Caligula und Anthaerea aus der Familie der „Pfauenspinner" (Saturnidae).

Auch die eulenähnlichen Pydna-Arten fehlten nicht. Sie gehören zu den „Zahnspinnern" (Notodontidae), einer im Himalaja besonders artenreich vertretenen Familie. Die meisten ihrer Arten, die hier sowie an anderen Stellen am Licht gesammelt wurden, waren neu für Nepal. Von den „Trägspinnern" (Lymantriidae), zu denen bekanntlich der von den Forstleuten gefürchtete „Schwammspinner"

Bildtexte zu den Abbildungen auf den nachfolgenden Farbseiten (73 – 88)

73	75, 76	Träger haben sich im Hof der Ekanta kuna versammelt, um hier ihre Traglasten in Empfang zu nehmen.
	77, 78	Namenslisten müssen überprüft und die Eintragungen mit dem Daumenabdruck bestätigt werden. Erst danach kann ein Vorschuss auf den Lohn ausbezahlt werden.
	79, 80	Gegen Mittag setzt sich die Karawane in Bewegung.
74	81	Die Flüsse, wie hier der Indrawati, führen riesige Mengen an Geröll mit sich.
	82	Die Häuser im Mittelland sind rot oder weiß gestrichen und mit Stroh gedeckt.
	84	Ein mächtiger Banyanbaum bietet mit seinen ausladenden Ästen Schatten für unsere Träger.
75	85	Die Hänge im Tal des Sun Kosi werden landwirtschaftlich stark genutzt.
76	86-93	Eine Auswahl der im Mittelland von Nepal gesammelten Insekten (Verzeichnis siehe S. 171).
77	96, 97	Der Aufstieg über die Hänge des Sun Kosi-Tales auf rutschigen Lehmpfaden war beschwerlich.
78	99	Figur aus der buddhistischen Götterwelt.
	100	Direkt vor dem Eingang zur Gömpa waren an langen Stangen Gebetsfahnen aufgehängt.
	101-102	Die kleine Gömpa bot die Gelegenheit, sich in die Welt der Götter des Buddhismus zu vertiefen.
	103	Die Bäume davor waren stark geschneidelt.
79	104	Unser Lager im Nebelwald des Ting Sang La.
80	105-107	Im dichten Rhododendronwald wuchsen meterhohe Aronstabgewächse.
	108	Kräftige Hagelschauer ließen die Temperaturen bis nahe an den Gefrierpunkt absinken.
	109-110	Auf der Passhöhe trafen wir auf die Reste eines prächtigen Tannenwaldes. Viele Bäume ragten nur noch als verkohlte Stümpfe empor.
81	111	Im Tal des Tamba Kosi wanderten wir durch harzig duftende Kiefernwälder.
82	112	Bei Bigu errichteten wir unser Lager am Rand eines dichten, artenreichen Laubwaldes.
	113-119	Hier flogen zahlreiche Tagfalterarten. Auch Nachfalter, insbesondere Bärenspinner, waren reichlich vertreten.
83	120-121	In Nepal erreichen die Vogelflügler (*Ornithoptera*) mit *Troides aeacus* die Westgrenze ihres Areals.
	122	Ein auffallender „Nachtfalter" war die bei Tag fliegende *Epistema adulatrix*.
	123-124	Der hellgrüne *Trabala vishnou* gehört zur Familie der Glucken (Lasiocampidae). Seine Raupe ist dicht behaart.
84	127, 128	Der Rhododendron-Koniferenwald von Thodung beherbert eine erstaunlich artenreiche Nachtfalterfauna. Unser Lager stand bei 3100 m. Im Hintergrund der Rolwaling Himal mit dem Gaurisankar (7134 m).
85	129-130	An den bemoosten Stämmen und Ästen der Tannen blühten rosafarbige Orchideen der Gattung *Dendrobium*.
	144	Eine der schwersten Etappen war der Aufstieg bei Sagar Padi, der über 1500 Höhenmeter durch dichten Nebelwald führte.
86	132-134	Im Likhu Khola-Tal wurde gerade Reis gepflanzt. Diese Arbeit wird von Frauen ausgeführt, während die Männer pflügen und musizieren, um damit böse Geister zu vertreiben.
87	135-140	Der lange Weg vom Terai bis hinauf in den Khumbu Himal bot einen beeindruckenden Blick auf die ethnische Vielfalt Nepals.
88	141-142	Mit den Dörfern Junbesi und Jubing war die Heimat der Solu-Sherpas erreicht.

72

99

100

101

102

103

120

121

122

123

124

127

128

141

142

zählt, fiel mir die robuste *Calliteara complicata* auf, deren Raupe an *Abies* leben dürfte. Die Flechtenspinner waren durch *Agylla nepalica* individuenreich vertreten. Von den Noctuiden, den „Eulenartigen Nachtfaltern", sollen die durch das zarte Hellgrün ihrer Vorderflügel charakterisierten *Diphtherocome pallida* und *fasciata* genannt sein. (Beim Aufweichen – so nennt man den Teil der Präparation, bei dem die durch Lagerung trocken gewordenen Tiere auf eine feuchte Torfplatte gesteckt werden, um wieder die für das Ausbreiten der Flügel notwendige Elastizität zu erhalten – wird dieses empfindliche Grün leider in ein weniger schönes Braun umgewandelt). Ferner die große, schon aus Sikkim und West-China bekannte moosgrüne *Anaplectoides tamsi*, eine nahe Verwandte unserer in den Wäldern Mitteleuropas weit verbreiteten „Grünen Heidelbeereule" (*Anaplectoides prasinana*). Die kleinen, mit tiefschwarzen Makeln geschmückten *Hermonassa*-Arten waren zahlreich vertreten; vier für die Wissenschaft neue Arten befanden sich darunter. Aus der Gattung *Euplexia* konnten die Arten *pectinata*, *plumbeola* und *albovittata* notiert werden. *Amathes semiherbida* stach mit seinen dunkelgrünen Vorderflügeln und den gelben, schwarz gebänderten Hinterflügeln aus der Schar der Eulenfalter hervor. Häufig war auch *Hadjina cupreipennis*, in meinem Feldtagebuch unter dem Namen „Kupfereule" vermerkt. *Sadarsa longipennis* fiel sofort durch seine langen schmalen, weit über die Hinterflügel hinausragenden Vorderflügel auf.

Die „Gold- oder Messingeulen" (Plusiinae) waren nicht so zahlreich wie erhofft. Dafür entschädigte mich die prachtvolle, schon in Kathmandu festgestellte *Cocytodes coerula*, ferner *Valeriodes viridinigra* und *Hypocala subsatura*, in Thodung auch in der f. *limbata*. Die häufigste Noctuidenart war eine *Perissandria* spec. Unter den „Spannerartigen Nachtfaltern" (Geometridae)

waren die Blattspanner (Larentiinae) sowie die Baum- oder Rindenspanner (Boarmiinae), nicht jedoch die Grünspanner (Hemitheinae) und Kleinspanner (Sterrhinae) sehr arten- und individuenreich vertreten. Es wurden u. a. notiert: *Dysstroma*, mit zahlreichen Formen, *Eustroma fissisignis*, *Hysterura*, *Photoscotosia*, *Triphosa*, *Perizoma*, *Kuldscha*, *Anaitis fulgurata*, *Ennomos* (die aber in Khumjung viel häufiger waren!), *Biston*, *Alcis* u. a. m. Sehr artenreich war auch das Genus *Arichanna* mit Vertretern aus der *aphanes-eucosme*-Gruppe und den bedeutend größeren aus der *consocia*-Gesellschaft zur Stelle. Eine der *Arichanna flavomacularia* nahestehende, vielleicht sogar mit ihr identische Art flog in Thodung erst am Abend vor unserer Abreise, war dann aber in den subalpinen Wäldern des Khumbu Himal eine gewöhnliche Erscheinung.

Die besonderen Umstände in diesem Nebelwaldgebiet zwangen mich, eine neue Fangmethode zu entwickeln. Bis dahin hatte ich die beiden Petromaxlampen, die ausschließlich zum Anlocken der Nachtfalter verwendet wurden, entweder vor einer senkrechten weißen Leinwand platziert oder frei auf ein „Bodentuch" gestellt. In Thodung hat sich gezeigt, dass leichter Wind und Nebel, die immer wieder aus einer anderen Richtung kamen, ständig zum Positionswechsel des Leintuchs und damit der davor aufgestellten Lampen zwangen. Das führte zu Ärger und Zeitverlust, die ich nicht länger hinnehmen wollte.

So kam es zu der Idee, die Lampen quasi als zentrale Lichtquelle so zu positionieren, dass dabei dennoch die Reflexion des ausgestrahlten Lichtes erhalten bleibt. Mit den Leintüchern, die ich dabei hatte, war das allerdings nicht zu erreichen. Die am Ting Sang La angewandte Methode, die Lampen auf das besagte Bodentuch zu stellen, ist nur bei Windstille erfolgreich. Hier jedoch zieht an fast jedem Abend der Nebel in dichten Schwaden und mit leichter Windunterstützung aus immer anderen Richtungen heran und mit ihm Hunderte von Nachtfaltern der verschiedensten Arten!

Also ließ ich von den Sherpas vier gerade gewachsene Laubbäume schlagen, sogenanntes Stangenholz, das im Viereck von etwa einem Meter Durchmesser aufgerichtet und mit Zeltschnüren verankert wurde. In dieses Viereck hinein stellte ich den kleinen Campingtisch und darauf die beiden Lampen. Das ganze Geviert wurde mit einem Moskitonetz umwickelt, das sich als Mückenabwehr für den Einsatz im Teraiwald noch im Expeditionsgepäck befand. Nun trat der Lichtschein der Lampen gleichmäßig nach allen vier Seiten aus, in seiner Wirkung durch den weißen Tüllstoff des Netzes noch wesentlich verbessert. Der „Leuchtturm" war geboren! Ich musste nicht mehr ständig die Position der Petromaxlampen und des Leintuchs verändern, sondern konnte in Ruhe und mit wachsendem Staunen zusehen, wie sich das Heer der Nachtfalter, eingepackt in dicke Nebelschwaden, an die Lichtquelle herankämpfte, um sich an den vier beleuchteten Seiten meiner neuen Lichtfanganlage niederzulassen.

Der einzige Nachteil lag darin, dass man gegen das Licht blickte und die Tiere deshalb praktisch „im Schatten" sah. Um sie genauer zu erkennen, musste man eine Taschenlampe zu Hilfe nehmen. Es war jedoch auf dieser Forschungsreise von vornherein meine Absicht gewesen, vorwiegend quantitativ zu sammeln. Nur dadurch waren später auch Aussagen über die Häufigkeitsverteilung der einzelnen Arten möglich. Eine selektive Auswahl hätte diesen ersten so wichtigen Eindruck von der Zusammensetzung der Arten pro Ort und Zeit schnell verwischt. Es wurde deshalb stets darauf geachtet, alle anfliegenden Arten möglichst gleichmäßig zu erfassen, soweit das unter den gegebenen Verhältnissen überhaupt möglich war. Doch so, wie ich am Ting Sang La die in Massen angeflogene *Gazalina chrysolopha* in einer großen Serie einsammelte, verfuhr ich in der gleichen Weise auch mit den häufigen Arten von Thodung.

Mein Lichtfang in Thodung war also ein voller Erfolg! Ich erinnere an dieser Stelle noch einmal an die für die Wissenschaft neuen Wurzelbohrer-Arten, die ich hier gesammelt habe. Sie wurden meinem Kollegen PIERRE VIETTE, dem Kurator für Schmetterlinge am Museum National d'Histoire Naturelle in Paris, zur wissenschaftlichen Bearbeitung übergeben. Er erkannte die taxonomisch-systematische Besonderheit dieser Arten und errichtete für sie die neue Gattung *Thitarodes*.

Über die Lebensweise dieser Tiere war damals noch nichts Näheres bekannt. Man durfte vermuten, dass ihre Raupen, ähnlich denen ihrer europäischen Verwandten, unterirdisch an den Wurzeln verschiedener Pflanzen leben. Wir wussten bereits, dass sie aufgrund ihrer Lebensweise oft von Pilzen befallen werden (W. SPEIDEL in EBERT [Hrsg.] 1994). Was wir jedoch nicht wussten, war die Tatsache, dass die Raupen der später in Nepal und Bhutan gefundenen *Thitarodes*-Arten regelmäßig von einem besonderen Pilz befallen und getötet werden. Sie werden von Einheimischen gesammelt und gelangen über Händler an chinesische Apotheken. Dort gelten sie als Stärkungsmittel, welches das Leben verlängert, und als Arznei gegen Krebs. Natürlich ist der „Raupenpilz" in den Augen der Chinesen auch ein probates Potenzmittel. Die neueste medizinische Forschung geht davon aus, dass der Hauptinhaltsstoff des Pilzes, das Cordycepin, tatsächlich eine Antikrebswirkung besitzt. Als „teuerster Pilz der Welt" kostet er heute bis zu 40.000 US-Dollar pro Kilogramm.
Der Pilz bewirkt, dass die Raupe, von der er sich ernährt, nur wenige Zentimeter unter der Oberfläche des Bodens abstirbt, während sich die nicht befallenen Larven bis zu einem halben Meter tief eingraben, um den harten Winter im Hochgebirge zu überstehen. Im Frühjahr ist von der

toten Raupe nur noch die äußere Hülle vorhanden, alle inneren Organe und das Gewebe sind durch Fäden des Pilzmyzels ersetzt worden. Aus dem Kopf der Raupe wächst schließlich der nur wenige Zentimeter lange keulenförmige Fruchtkörper. Der wird in den Frühjahrs- und Sommermonaten von Hirten gesammelt, die auf den Hochalmen ihre Yaks weiden lassen (TRUSCH 2012).

Die weltweite Nachfrage nach dem „Raupenpilz" stieg in den letzten Jahren rasant an. Ein regelrechter Boom bewirkte zwischen 1997 und 2008 einen Preisanstieg um 900 %. Das führte zu einer immer größeren Nachfrage im abgeschiedenen Bhutan. In einzelnen Jahren konnten die staatlichen bhutanischen Aufkäufer daher keine Raupenpilze mehr ersteigern. Diese Entwicklung kann zu erheblichen Problemen für eine nachhaltige Nutzung der Ressource führen. Wie das Sammeln so erfolgen kann, dass der Pilz langfristig nicht ausgerottet wird, muss noch erforscht werden (WINKLER 2010).

*

Nach vierzehn Tagen verließ ich mit meiner Gruppe das Gebiet von Thodung, um in das feuchtheiße Likhu Khola-Tal hinabzusteigen. Bei Bhandar kamen wir an Feldern vorbei, in denen gerade Reis gepflanzt wurde. Die Männer hatten bereits den Boden gepflügt und bewässert; nun waren sie damit beschäftigt, sich zu einer Art Musikkapelle zusammenzutun. Auf recht merkwürdig aussehenden Instrumenten veranstalteten sie, bis zu den Knien im Schlamm watend, einen Höllenlärm. Währenddessen standen die Frauen in einer Reihe und setzten mühsam jedes einzelne Pflänzchen in den morastigen Boden. Die Männer hatten sichtbaren Spaß an ihrer musikalischen Tätigkeit, von der ich nicht wusste, ob sie etwas mit der Vertreibung böser Geister zu tun hatte oder einfach damit, den Frauen die Arbeit zu versüßen. Die fanden offensichtlich Gefallen an diesem akustischen Spektakel (Abb. S. 86/132 – 134).

Auf dem langen Weg vom Terai über das Mittelland bis hinauf zum Khumbu Himal bot sich mir in immer neuen Bildern die ethnische Vielfalt der Menschen in Nepal dar. Am Raptifluss im Süden des Landes waren es Angehörige der aus Indien stammenden Rassen (siehe auch Abb. S. 38/46 – 47; Abb. 49 – 50). Im Gebiet des Sun Kosi traf ich auf junge Frauen, deren Vorfahren vor langer Zeit aus dem tibetischen Raum einwanderten. Stolz präsentierten sie ihre aus Halbedelsteinen und Münzen kunstvoll gefertigten Halsketten. Bei den Solu-Sherpa fiel mir eine junge Mutter auf, die ihren kleinen Sohn in einer sogenannten Tragwiege bei sich hatte. In Junbesi, das schon zum Sherpaland gehört, sah ich einen älteren Mann, der früher in militärischen Diensten stand und nun in diesem Dorf, wenn vielleicht auch bescheiden, von seiner Rente lebte. In Namche Bazar wurde mir von einer Sherpafrau ein freundliches „Namaste" geboten, und auch ihr kleiner Junge lächelte mir vergnügt entgegen (Abb. S. 87/135 – 140).

Bei der Ortschaft Kenza erreichen wir den oberen Abschnitt des Likhu Khola-Tales. Senkrecht fallen die nur mit niedriger Vegetation bewachsenen Felsen zum Fluss hin ab. Auf geröllbedecktem Boden nahe dem Wasser bauen unsere Sherpas die Zelte auf. Es ist sehr warm und feucht. Die Höhenlage beträgt 1700 m. Hier kommen zahlreiche für mich neue, in den Subtropen beheimatete Arten zum Licht wie beispielsweise der Pfauenspinner *Loepa katinka*, dessen sattgelbes Schuppenkleid mit den vielen burgunderroten Flecken darauf einen großen Eindruck hinterlässt. Zwei Monate später, auf dem Rückmarsch, fand ich hier die zur gleichen Schmetterlingsfamilie gehörende langgeschwänzte *Actias selene*, eine der Mondgöttin gewidmete Art von zartgrünem Kolorit. Der handgroße Falter hing bei Tag schlafend an einem Strauch.

Den Coleopterologen dürfte es interessieren, dass es mir hier gelang, mit *Ophrygonius cantori* erstmals für Nepal eine Art der in den heißen Tropen beheimateten Familie Passalidae nachzuweisen. Ein weiterer bemerkenswerter Fund während des Rückweges war an diesem Ort die schon fast erwachsene Raupe des asiatischen Totenkopfschwärmers *Acherontia lachesis*. Ich wagte das Experiment, das schon im letzten Häutungsstadium befindliche Tier bis zur Verpuppung sozusagen im Rucksack weiterzuzüchten, was auch gelang. Die Überraschung blieb nicht aus: Wochen später, bei meinem Kurzaufenthalt in Agra, beglückte mich der frisch geschlüpfte Falter, als ich von meinem Besuch des Taj Mahal in das kleine Hotel, in dem ich abgestiegen war, zurückkehrte.

Ich hatte meine Gruppe instruiert, auch während der Marschtage auf Insekten zu beiden Seiten des Weges zu achten und mir jedes Tier zu melden, das sie entdecken. Einige der soeben erwähnten Schmetterlinge verdanke ich der Aufmerksamkeit meiner Sherpas und Thamangs. Dabei kam es natürlich auch zu unerwarteten Erlebnissen, zum Beispiel mit Schlangen. So zeigte man mir ein Loch unter einer Baumwurzel, in das sich ein solches Reptil verkrochen hatte. Als ich, etwas leichtsinnig und stümperhaft, mit einem Ast darin herumstocherte, schoss eine gut zwei Meter lange graue Schlange daraus hervor und flüchtete mit erheblicher Geschwindigkeit den Hang hinab. Ein anderes Mal deutete mein Koch stumm auf einen großen, seitlich verzweigten Busch. Am selben Tag hatte er unter ähnlichen Umständen einen großen Käfer entdeckt. Ich glaubte, er würde mir ein weiteres Exemplar zeigen wollen und war deshalb ganz und gar auf ein solches oder ähnliches Insekt fixiert. Da ich nichts bemerkte, tauchte ich tiefer in den Busch ein, ohne jedoch fündig zu werden. Als ich mich wieder Sunsubir zuwandte, blickte ich in zwei weit aufgerissene Augen. „Sahib", stammelte er und deutete dabei auf einen Ast, den ich beim Eintauchen in das Gebüsch fast berührt haben musste. Jetzt erst sah ich das dicke graugrüne Knäuel, das um ihn gewickelt war – eine Schlange, wohl eine giftige Baumotter, die ich bei meinem entomologischen Eifer nicht bemerkt hatte.

Kapitel 4

Zu den Dörfern der Sherpas

Bei den Solu-Sherpas – Am „Milchfluss" entlang – Namche Bazar – Bei den Khumbu-Sherpas – Beim Abt von Tangpoche

Trotz einiger bemerkenswerter Funde, die ich im Likhu Khola-Tal bei Kenza notieren konnte, marschieren wir bereits am folgenden Tag weiter in Richtung Sherpaland. Der schweißtreibende Aufstieg führt uns, vorbei am Kloster Sete, durch *Castanopsis*-, *Quercus*-, *Rhododendron*- und Koniferenwald. Auf dem Rückmarsch wimmelte es auf diesem Streckenabschnitt von Millionen von Blutegeln. Die Sherpas nennen sie „Tsuga". Sie dringen blutgierig durch alle offenen Stellen der Kleidung schnell bis an die Haut vor, an der sie sich sofort festsaugen. Selbst durch die Ösen der Schuhe, die vom feuchten Schnürsenkel bereits vollkommen ausgefüllt sind, vermögen sie sich dank ihres schlanken muskulösen Körpers durchzuzwängen. Haben sie erst einmal Hautkontakt, saugen sie unablässig Blut in sich hinein, das sie bald gewaltig anschwellen lässt und ihnen das Aussehen großer, dunkelroter Kirschen verleiht. Ihre schröpfende Tätigkeit spürt man nicht. Erst wenn man sie mit großer Mühe und allen möglichen Tricks, die man dabei anwenden muss, entfernt hat, wird die Bissstelle und ihre blutverkrustete Umgebung sichtbar. Die Sherpas behelfen sich mit einem in eine Salzlösung getauchten Läppchen, das sie, um das Ende eines Stockes gewickelt, mit sich führen. Damit betupfen sie den Eindringling. Eine andere Methode ist es, einen glühenden Zigarettenstummel auf ihm auszudrücken. Diese Gegenwehr ist jedoch ziemlich mühsam, zeitaufwendig weil beim Laufen hinderlich, im übrigen nur bedingt erfolgreich. Am besten, man lässt die Egel gewähren und denkt dabei daran, dass das Schröpfen früher eine häufig angewandte medizinische Maßnahme gegen allerlei Beschwerden war.

Bei 3500 m erreichen wir endlich die Passhöhe zwischen Sete und Junbesi. Auf dem Kamm bemerke ich einzelne Wacholderbüsche (*Juniperus recurva*). Der Abstieg erfolgt wieder durch dichten Rhododendron-Koniferenwald und führt uns nach Thakhto. Am nächsten Tag marschieren wir über Junbesi, dem zentralen Ort im Gebiet des Solu Himal, durch feuchte Nadelwälder bis Ringmo. Wir sind endgültig in der Heimat der Solu-Sherpas und damit an der Grenze zum Sherpaland angekommen. Es besteht aus den beiden Regionen Solu und Khumbu und schließt sich nördlich an das Mittelland an. Seine Höhenlage beträgt durchschnittlich zwischen 3000 und 4000 m. Rechnet man noch die Hochalmen hinzu, auf die im Sommer das Vieh getrieben wird, sind es weitere 1000 Höhenmeter (Abb. S. 88/141 – 142; Abb. 143).

Am 7. Juni steht uns ein weiterer schwerer Aufstieg bevor: Es geht über den höchsten Pass unserer bisherigen Wegstrecke. Nicht weniger als 1500 Höhenmeter müssen auf teilweise extrem steilen, während der Regenzeit nur schwer begehbaren Pfaden überwunden werden. Diese Kraftanstrengung zieht Mannschaft und Trägerkolonne bald weit auseinander. Über Sagar Padi steigen wir stundenlang durch dichten Nebelwald empor, bis wir schließlich in 4400 m Höhe den Kamm erreichen (Abb. S. 85/144). Einen geeigneten Lagerplatz gibt es hier in diesem dichten verfilzten Rhododendron-Gürtel nicht. Über allem lagern Nebel-

Abbildung 143. Bei Junbesi trafen wir an Bächen auf stabile überdachte Holzbrücken.

bänke. Wir steigen also wieder hinab in eine Schlucht und finden auf einem weiteren Pass in 3800 m Höhe einen überhängenden Felsen, der uns genügend Schutz in der Nacht bietet (Abb. 145).

Im hinteren Teil dieser natürlichen, von manchen Feuern schon rauchgeschwärzten Höhle bereitet mein Koch SUNSUBIR, der auf jeder noch so schwierigen Wegstrecke immer unter den Ersten zu finden ist, das Abendessen. Wir haben bereits stundenlang nichts mehr zu uns genommen. Ich war deshalb froh, als der dicke Brei aus Reis und Dal (das sind kleine gelbe Linsen), dem ich mit einer ordentlichen Portion klein gehackter Chilischoten die richtige Schärfe verpasse, in meinem Blechnapf dampft. Der heiße Tee, den mir mein Sherpa LAKPA TSERING danach reicht, bringt wieder Leben in den ermüdeten Körper.

Es ist nicht leicht, an einem Tag wie diesem, an dem ständig mal feiner, mal stärkerer Regen fällt, in einem tropfnassen Wald geeignetes Holz zu finden, um damit ein Feuer zustande zu bringen. Die Thamangs und Sherpas schaffen das. Auch als sich herausstellt, dass der Träger, der mein Zelt und meinen Schlafsack getragen hatte, an einem Wasserfall ausgerutscht war und das Gepäck ins Wasser fallen ließ, bleiben sie ruhig und nehmen den Vorfall eher belustigt zur Kenntnis. Man mag dann zwar innerlich fluchen, doch es hätte ja keinen Zweck, mit seinem Ärger die Stimmung zu verderben, die auch an schwierigen Marschtagen immer locker bleiben sollte. Also hänge ich die nassen Sachen im Zeltinneren an der Firststange auf und zünde darunter die Petromaxlampe an. Doch auch die aufsteigende Warmluft vermag es nicht, den Schlafsack im Laufe der Nacht vollständig zu trocknen.

*

Am nächsten Morgen machen wir uns an den Abstieg, zunächst zum Lumding

Abbildung 145. Unter einem überhängenden Felsen fanden wir in 3800 m Höhe Schutz vor der Nacht.

Khola, einem rechten Nebenfluss des Dudh Kosi. Dann geht es noch einmal bergauf und wieder bergab, bis wir schließlich bei Thate den milchweiß schäumenden Dudh Kosi erreichen, der wegen der Farbe seines Wassers eben diesen Namen erhielt, den man mit „Milchfluss" übersetzen kann. In diesem romantischen Tal wandern wir nun flussaufwärts, der Heimat der Khumbu-Sherpas entgegen. Alle drei Sherpas in meiner Mannschaft stammen aus Khumjung oder dem Nachbardorf Kunde. Es ist ihnen anzusehen, dass sie sich schon auf ihr Zuhause freuen.

Oberhalb des Flusses stoße ich auf ein krautiges Wolfsmilchgewächs, an dem große Raupen sitzen. Ihre schwarze, rot gemusterte Grundfarbe mit dem großen Augenfleck auf jedem Segment und dem roten Horn mit schwarzer Spitze weisen sie sofort als den Wolfsmilchschwärmerarten der Gattung *Celerio* (= *Hyles*) zugehörig aus. In dieser Vegetationsstufe in über 3000 m Höhe ist es jedoch nicht mehr die aus Europa und den Steppen Vorderasiens bekannte Art *Hyles euphorbiae* (mit ihren geografischen Rassen oder Schwesterarten *conspicua* und *lathyrus*), sondern der in Eurasien weit verbreitete *Hyles galii* (den wir in Deutschland den „Labkrautschwärmer" nennen), hier in seiner Unterart *nepalensis* (Abb. S. 105/150).

Auf dem Weg zwischen Thodung und dem Dudh Kosi-Fluss bei der Ortschaft Thate beobachtete ich noch mancherlei Pflanzen und Insekten, von denen neben der Raupe des Labkrautschwärmers noch einmal auf die epiphytische, weiß blühende Orchidee aus der Gattung *Coelogyne* hingewiesen sei, ferner auf die großen Singzikaden, die sich in den Wäldern zwischen Thakhto und Ringmo mit ihrem durchdringenden Gesang schon aus einiger Entfernung bemerkbar machten. Auch der bereits erwähnte daumenlange Käfer aus der Verwandtschaft der Nashornkäfer gehörte dazu (Abb. S.105/146 – 149).

Bald sind wir in dem kleinen Ort Thumbu nahe Bemkar angekommen. An solchen Stellen, wo das meist enge Tal ein wenig breiter ist, wird Feldwirtschaft betrieben. Ansonsten begleitet uns zu beiden Seiten des Flusses dichter Nadelwald. Es ist ein regenfeuchter subalpiner Wald, mit Birken, Rhododendron und Wacholder durchmischt (Abb. S. 106/151 – 154).

*

Am 10. Juni ist der Punkt erreicht, wo Dudh Kosi und Bhote Kosi zusammenfließen. Von hier beginnt der Aufstieg nach Namche Bazar. Die Häuser dieses bekannten Ortes sind einzeln über einen Berghang verteilt (Abb. S. 107/158). Es handelt sich um den gleichen Haustyp, den ich schon auf der letzten Etappe im Dudh Kosi-Tal gesehen habe: Große, unbehauene Feldsteine werden aufeinandergesetzt und ihre Fugen mit einem Gemisch aus Lehm und Yakmist ausgefüllt, die Außenwände danach weiß verputzt. Die Dächer sind mit flachen Steinplatten belegt, die man mit größeren Steinen beschwert hat. Diese Häuser in sowohl eingeschossiger als auch zweigeschossiger Bauweise machen einen recht soliden Eindruck und bieten auch in harten schneereichen Wintern den Bewohnern genügend Schutz. Sie erinnern an die wetterfesten Steinhäuser, die wir aus den europäischen Alpen kennen und zeigen, wie sehr über alle Kulturkreise hinweg der Mensch zu gleichen Einsichten gelangt, wenn es darum geht, sich nachhaltig einem ganz bestimmten Lebensraum und seinen wetterbedingten Anforderungen anzupassen.

Es ist eigentlich gar kein richtiges Sherpadorf, dieses Namche Bazar, sondern eher ein Marktflecken und Umschlagplatz von Handelsgütern auf dem Weg nach Tibet. Händler bieten an der engen, ziemlich schmutzigen Straße, die durch den Ort führt, ihre Waren feil. Auch eine Art Polizeistation ist vorhanden. Dabei handelt es sich jedoch eher um einen Militärposten, der mit dem Hauptquartier in Kathmandu über Funk die Verbindung hält. Von hier aus werden alle Bewegungen auf dem Handelsweg zur nahen

Abbildung 156. Eine Sherpafrau am Webstuhl. In der Hand hält sie eine Schale mit Buttertee.

tibetischen (jetzt chinesischen) Grenze sorgsam überwacht.

In Namche Bazar beobachtete ich eine ältere Frau, die am Webstuhl saß und arbeitete, ohne dass ihr jemand dabei zusah (Abb. S. 106/155; Abb. 156), denn Touristen gab es damals ja noch nicht. Einen Mann, der sich an einem dreibeinigen Holzgestell festhielt und mit seinen nackten Füßen ein Stück Leder bearbeitete, sah ich wenige Tage später in Khumjung (Abb. S. 106/157).

Wir halten uns nicht lange hier auf. Bald ist der Khumbu La bestiegen, die letzte Passschwelle zwischen Namche Bazar und Khumjung. Von dort aus hat man normalerweise einen grandiosen Ausblick auf den Mount Everest und auf seine Nachbarn Lhotse und Nuptse, vor allem aber auf die zum Greifen nahe Ama Dablam, doch der

Monsun, der jetzt unser ständiger Begleiter ist, verwehrt uns diesen ersehnten Anblick. Tief herab hängen die Nebelschwaden und Regenwolken und bedecken alles mit ihrem dichten grauen Schleier. Im feinen Nieselregen erkennen wir gerade noch die Häuser von Khumjung, die wenige hundert Meter von unserem erhöhten Standort entfernt über den Südhang des 5847 m hohen Khumbu Ila verstreut sind (Abb. S. 108/159 – 161).

*

Nach einer Wanderung von insgesamt 47 Tagen, die wir durch teils längere Aufenthalte an bestimmten Etappenzielen unterbrochen haben, um dort wissenschaftliche Untersuchungen und Aufsammlungen vorzunehmen, sind wir nun an einem wichtigen Punkt des von mir festgelegten Gradienten angekommen. Hier soll, wie der Plan dies auch vorsieht, das Standquartier der 4000-m-Zone sein. In einer Hangnische am Rand der Felder nahe dem Ortsrand von Khumjung richten wir uns häuslich ein. Hinter den Zelten beginnt sogleich der dichte subalpine Wald mit der Himalaja-Birke (*Betula utilis*) als Charakterbaum. Hinzu gesellen sich Himalaja-Tanne (*Abies webbiana*), die auch hier noch verbreitete Fichte (*Pinus excelsa*) und der schon vom Pass zwischen Sete und Junbesi her bekannten Wacholder (*Juniperus recurva*) (Abb. 162, 163).

Zwischen den Gneisblöcken im Unterwuchs und an den Rändern des Waldes gedeihen zahlreiche buschförmige Rhododendron-Arten (*R. campylocarpum, R. wightii* und andere), Wildrosen- und Steinmispelgewächse, Weiden- und Schneeballgehölze. Auf freien Flächen fällt mir eine mit unseren Heidekrautgewächsen nahe verwandte Pflanze auf, die sich als *Cassiope fastigiata* erweist. An ihren weißen Blütenglöckchen hängen wie kleine Perlen die Tropfen des sprühnebelartigen Monsunregens. Zu den bodennahen Pflanzen gehören außerdem Primeln, Lerchensporn und sogar Edelweiße (Abb. S. 109/164 – 169).

Abbildung 162. Mein Zeltplatz bei Khumjung. Die beiden Schafe waren als „lebender Fleischvorrat" mit dabei.

Abbildung 163. Hinter dem Zeltplatz bedeckte ein artenreicher subalpiner Wald die Hänge.

Auf der gegenüberliegenden Seite, am Südhang des Khumbu Ila, ist die Vegetation infolge der starken Beweidung ärmer. In den oberen Lagen gibt es Legföhren, talabwärts außer den schon beschriebenen Gebüschen noch ein Geißblattgewächs. Auch hier finde ich wieder die hochstänglige gelbblühende Wolfsmilch mit dem wissenschaftlichen Namen *Euphorbia longifolia*. An ihr entdeckte ich im Dudh Kosi-Tal die Raupen des nepalesischen Labkrautschwärmers. Als Besonderheit sei noch eine Frauenschuh-Orchidee (*Cypripedium* spec.) erwähnt, auf die ich oberhalb der Ortschaft Kunde stoße.

Im ersten Zeitabschnitt meines Aufenthalts an diesem Ort, der vom 10. – 27. Juni dauerte, gab es fast nur Nieselregen. Die Temperatur lag ziemlich gleichmäßig bei 8 °C. Bei nächtlichem Aufklaren sank sie auf + 4 °C. ab. Für den Lichtfang waren somit keine günstigen Bedingungen vorhanden. Auch am Tag hielten sich die Schmetterlinge verborgen. Nur etliche Hautflügler (Hymenoptera), insbesondere dickleibige Hummeln (*Bombus* div. spec.), flogen mit feuchtem Pelz umher und waren damit beschäftigt, aus den tropfnassen Rhododendronblüten Nahrung zu holen.

Die einzige erwähnenswerte Unterbrechung des vom Monsun bestimmten Alltags brachte das unerwartete Auftauchen eines Mannes, der mich um Unterschlupf bat. Er machte einen sehr heruntergekommenen Eindruck auf mich, hatte auch kein Expeditionsgepäck geschweige denn einen Träger bei sich und erzählte, offensichtlich etwas verwirrt, von seinem Versuch, allein den Mount Everest von der tibetischen Seite her zu besteigen. Was er im einzelnen dabei erlebt hat, wie er überhaupt hierher kam und ob es ihm tatsächlich gelungen war, nach Tibet hinein und wieder nach Nepal zurückzukommen, konnte er nicht glaubhaft vermitteln. Nach einer Nacht, die er in meinem Zelt verbringen durfte, wurde er am nächsten Tag von einem Hubschrauber aus Kathmandu abgeholt, den der Posten in Namche Bazar über Funk angefordert hat. Bei den Sherpas

hat die Landung des Helikopters unmittelbar am Rand ihres Dorfes Khumjung natürlich beträchtliches Aufsehen erregt (Abb. 258).

Das Ereignis war, so merkwürdig das klingen mag, nicht außergewöhnlich! DYHRENFURT (1960) berichtete gleich von drei Einzelgängern, die sich das selbe Ziel in den Kopf gesetzt hatten. Im Jahr 1934 war es ein Captain der britischen Armee, MAURICE WILSON, der mit einem kleinen Flugzeug möglichst hoch am Everest landen wollte, um das letzte Stück zum Gipfel zu Fuß zu gehen. Er starb in 6400 m Höhe an Erschöpfung. Im Jahr 1947 war es der Kanadier E. L. DENNAN, der, als Tibeter verkleidet, wiederum von Rongbuk aus den Versuch wagte und natürlich dabei scheiterte. Immerhin kam er ebenso mit dem Leben davon wie fünf Jahre später der Däne KLAUS BECKER-LARSEN, der noch nie zuvor eine Bergtour unternommen hatte und am Everest noch unterhalb des Nordsattels (6985 m) aufgeben musste.

In meine etwas missmutige Stimmung hinein platzt eines Tages der Sherpa ATASCHI mit dem Ruf „Ama Dablam, Sahib, Everest – come and see!". Es ist noch früh am Morgen. So schnell war ich vorher noch nicht aus meinem Schlafsack gekrochen! Und in der Tat: In strahlendem Weiß vor einem azurblauen Himmel steht es vor mir, das „Matterhorn" des Khumbu Himal, die unvergleichlich schöne Ama Dablam. Mit einer Gipfelhöhe von 6856 m ist sie ein eher niedriger Berg unter all den Riesen ringsum. Der Name bedeutet „Halsband der Mutter" (Ama = Mutter, Dablang = Halsschmuck) (Abb. S. 111/175).

Dieser Berg, der zusammen mit dem Machapuchare (6997 m) in Zentralnepal, dem Jannu (7710 m) in der Kangchendzönga-Gruppe, dem Mustagh-Turm (7273 m) im Karakorum und dem Matterhorn (4478 m) in der Schweiz zu den vier schönsten, durch ihre pyramidale Form beeindruckenden Berge der Erde gehört, kann auch sehr abweisend sein, wie eine britische Bergsteiger-Expedition erfahren musste. Ihre Zweier-Seilschaft, die am 21. Mai 1959 noch bei 6600 m beobachtet wurde, als sie bereits die schwierigsten Passagen überwunden hatte, verschwand in den plötzlich aufziehenden Wolken und wurde nie mehr gesehen. Vermutlich ist sie über die steile Nordwestwand abgestürzt.

Rechts von der Ama Dablam grüßt die Kang Taiga (6685 m) zu mir herüber. Sie wird von zwei nahe beieinander liegenden Gipfeln gekrönt und deshalb, so die Übersetzung ihres Namens, „Yaksattel" genannt. Im Vordergrund dominiert der Tramserku (6608 m) (Abb. S. 110/170). Zum ersten Mal sehe ich den höchsten Berg der Erde, den Mount Everest, auch er schon recht nahe gerückt, aber noch nicht nahe genug! Im Juli, wenn der Monsun in den Hochlagen hoffentlich schwächer wird, will ich mich näher an ihn heranpirschen. Vorläufig begnüge ich mich mit seinem eindrucksvollen Panorama, zu dem noch der Lhotse (8501 m) und sein kleinerer Bruder, der Nuptse (7879 m) gehören (siehe äußeres Umschlagbild).

Eine Stunde lang habe ich wohl auf meiner Felskuppe gesessen und diese unbeschreiblich schönen Bilder in mich aufgesogen. Vom Boden her spüre ich die Wärme, die von den Strahlen der inzwischen höher gestiegenen Sonne ausgeht. Die *Cassiopa*-Blüten leuchten so weiß wie nie zuvor. Plötzlich bemerke ich einen großen Schmetterling, der im Schwirrflug von einer Blüte zur anderen eilt und sekundenlang mit ausgestrecktem Rüssel darüber verharrt. Und ich täusche mich nicht: Es ist der nepalesische Labkrautschwärmer, von dem ich bisher nur die Raupen gefunden habe.

Bald kamen auch Tagfalter zum Vorschein, die sich wegen des Regens tagelang versteckt hielten. Die häufigste Art war zugleich eine recht vertraute, nämlich der Schwalbenschwanz (*Papilio machaon*), hier in einer größeren, dunkler gebänderten Form. Wahrscheinlich fliegt er in dieser Höhenlage nur in einer Generation, denn im Juli waren

keine frischen Tiere mehr zu sehen. Eine große, unserem „Waldportier" verwandte Art fesselte meine Aufmerksamkeit: *Aulocera padma*. Auch die Falter dieser Art waren in der zweiten Julihälfte bereits abgeflogen. Sie fliegen auf Waldlichtungen und saugen an den harzigen Jungtrieben der Tannen und Rhododendren (Abb. S. 110/171, 172).

Ein besonderes Erlebnis war meine Erstbegegnung mit *Lingamus hardwickei*, einem Apollofalter, der von Kashmir bis Sikkim verbreitet ist. Die Weibchen dieser Art sind mit roten und blauen, weiß gekernten Augenflecken deutlich farbenprächtiger gezeichnet als die Männchen, die durch das reine Weiß ihrer Vorder- und Hinterflügel auffallen (Abb. S. 110/173, 174).

Schon am nächsten Tag war alles vorbei, wieder hat der Monsun den grauen Regenvorhang zugezogen. Ich habe mich mittlerweile daran gewöhnt. Wenn überhaupt, so gab es nur in den Morgenstunden eine geringe Chance, den blauen Himmel zu sehen. Diese wenigen kostbaren Stunden musste ich nutzen, um das in den Monsunpausen gesammelte Material unter Ausnutzung von Wind und Sonne, geschützt von dem mit Steinen beschwerten Moskitonetz, auf einer Zeltplane zum Trocknen auszubreiten. Danach wurde es, vorbeugend gegen Fäulnis und Schimmel, mit Thymol behandelt und in dicht schließende Behälter verpackt, die ihrerseits, sorgfältig gegen grobe Stöße abgepuffert, in einer der aus Aluminium gefertigten Expeditionskisten verschwanden.

Auch die Sherpas nutzten die Zeit, um ihre Felder zu bestellen. Noch vor dem Monsun wurden Zwiebeln, Rettiche und Kartoffeln gepflanzt. Wenn die Regenzeit beginnt, keimen sie bereits. Jetzt heißt es Unkraut jäten! Stundenlang sind Frauen, Mädchen und größere Kinder damit beschäftigt.

Das Unkrautjäten der Sherpas übt offenbar auf die Schneetaube (*Columba leuconota*) eine magische Anziehungskraft aus. Sie lebt in den Hochlagen oberhalb der Baumgrenze zwischen 4000 m und

5000 m. Zur Nahrungsaufnahme fliegt sie in kleinen Trupps zu den Feldern hinab, um dort Unkrautsamen aufzupicken. Als ich mich einmal mit der Schrotflinte heranpirschte, um ein Belegexemplar für die Kollegen aus dem Ornithologenlager zu schießen, kam es zu einer von mir nicht erwarteten Reaktion der Mädchen und Frauen, die auf den Feldern arbeiteten. Sie sprangen auf, klatschten in die Hände und verscheuchten die Vögel, so dass ich nicht zum Schuss kam. Das Töten von Tieren, noch dazu dieser schneeweißen Wildtauben, die doch nichts anderes taten als an der biologischen Unkraut-vernichtung teilzunehmen, passte nicht zum friedvollen Leben dieser Menschen. Ich hatte danach genug Zeit, einigerma-ßen beschämt über deren philosophische Grundhaltung nachzudenken.

Die größte Aufmerksamkeit der Sherpas gilt den Kartoffelpflanzen. In dieser Höhen-lage gedeihen sie geradezu prächtig! Ich habe nirgendwo sonst so wohlschmeckende Kartoffeln gegessen. Mein entomologischer Ziehvater HANS GEORG AMSEL, der aus Nord-deutschland stammte und in dieser Knollen-pflanze geradezu den Inbegriff menschlicher Ernährung sah, hätte seine helle Freude daran gehabt. Dazu die kleinen Rettiche, welche die Sherpas anbauen und die seinen geliebten „Teltower Rübchen" nahe kamen!

Man weiß es nicht so genau, wann die Kartoffel Einzug gehalten hat im Sherpa-land. Jedenfalls hat sie die bis dahin ange-baute Gerste, aus der das Tsampamehl bereitet wird, inzwischen völlig in den Hin-tergrund gedrängt. Dass diese Feldfrucht, die weltweit so große Bedeutung erlangt hat, aus den Hochlagen der Anden stammt (also eine echte Gebirgspflanze ist) und von spanischen Seefahrern nach Europa gebracht wurde, ist allgemein bekannt. Über Indien und die von der ostindischen Kompanie geschaf-fenen Handelswege hat sie dann irgend-wann gegen Ende des 19. Jahrhunderts auch Nepal erreicht. Heute ist die Kartoffel bei

Abbildung 176. An der letzten Etappe zwischen Khumjung und dem Khumbu-Gletscher waren auch Sherpanis als Trägerinnen beteiligt.

den Sherpas vollkommen eingebürgert und zum wichtigsten Bestandteil ihrer Ernährung geworden. Welch ein Genuss, vor einem Sherpahaus in der Sonne zu sitzen und mit dampfenden Pellkartoffeln bewirtet zu wer-den! Mit ein wenig mehr Zeit hätte ich mei-nen Gastgebern gerne beigebracht, wie man daraus die in meiner Heimatstadt Nürnberg so beliebten „rohen Klöße" zubereitet. Doch das wäre schon die „höhere Weihe" gewesen, wofür die Zeit noch nicht gekommen war.

*

Am 28. Juni verlasse ich mit meiner Mannschaft Khumjung. Die mit der orni-thologischen Forschung befasste Gruppe der Expedition unter der Leitung von GERD DIESSELHORST hatte das schon früher getan. Unser Weg führt uns zunächst an einem mit

Gebetswimpeln geschmückten einfachen Tschorten vorbei, von dem aus man noch einmal den Ausblick auf die Ama Dablam genießen konnte. Zwei junge Sherpafrauen, denen wir begegnen, bieten mir einen Trunk aus ihrem gut gefüllten Tschangkrug an. Dann steigen wir ein Stück weit hinab in das obere Dudh Kosi-Tal, um von dort aus durch einen aus Tannen und Föhren bestehenden Wald mit reichlich Rhododendron im Unterwuchs zur 3867 m hoch gelegenen Klostersiedlung Tangpoche (Tengpoche) zu gelangen (Abb. 176 – 180). Sie ist recht großzügig angelegt. Saubere, weiß verputzte Häuser und Tempel mit Schindeldächern umrahmen eine Wiese. Daran schließt sich als „Gästehaus" eine lange hölzerne Veranda an, die einen ebenso modernen wie fremdartigen Eindruck hinterlässt (Abb. 181, 182). Die hier gezeigten Bilder gehören der Vergangenheit an. Das Kloster ist einige Jahre später, nachdem diese Aufnahmen gemacht wurden, abgebrannt (Abb. S. 112/183 – 185).

Der Innenraum des Klostertempels ist reich ausgestattet. Die Auswahl an Musikinstrumenten, die ich hier vorfinde, umfasst wohl alle Klangkörper, die bei den von den Mönchen und Lamas zelebrierten Liturgien gebraucht werden, von der großen, aufrecht stehenden Trommel und ihren kleineren Geschwistern über die verschiedenen Blasinstrumente aus Holz oder Menschenknochen bis hin zum großen Tempelgong. Im düsteren Licht des Raumes erkenne ich an der Wand eine Art Schrank, in dem, zwischen Holzbrettchen eingelegt, Stapel von Blättern aus pergamentartigem Papier aufbewahrt werden. Es ist der Kantschu Latang (Kandschur lhakang), die Bibliothek des Klosters, die recht kostbar sein soll, befinden sich doch viele alte Schriften darunter. Rot gekleidete freundliche Mönche zeigen mir das ganze Inventar dieses bedeutenden Ortes. Wertvolle alte Thangkas zieren die Wände, an denen ich wieder die mir schon bekannten Bilder von Göttern, Halbgöttern und Drachen erblicke.

Abbildung 178. Eine Begegnung mit jungen Sherpafrauen, die mir den mit Reisbier gefüllten Tschangkrug reichten.

Abbildung 177. Ein kleiner Tschorten ist mit Gebetswimpeln geschmückt. Rechts hinten die Ama Dablam.

Bildtexte zu den Abbildungen auf den nachfolgenden Farbseiten (105 – 112)

105	146-149	In den Wäldern zwischen Thakhto und Ringmo ertönte der durchdringende Gesang unzähliger großer Singzikaden. Epiphytische Orchideen und Arten aus der Familie der Blatthornkäfer waren reichlich zu sehen (Verzeichnis siehe S. 171).
	150	Im Tal des Dudh Kosi fand ich die Raupen des nepalesischen Labkrautschwärmers an einer langblättrigen Wolfsmilchpflanze.
106	151-157	Bei Bemkar hatten wir endlich Khumbu, die Heimat unserer Sherpas, erreicht. Die Menschen begegneten uns freundlich und unaufdringlich. Ihre Gebete haben sie in Stein gemeißelt oder als Mantras auf Steinplatten, aus denen sie runde Manis formten.
107	158	Das als Sherpadorf und Handelsplatz bekannte Namche Bazar liegt an einem steilen Hang.
108	159-161	Am Fuß des 5847 m hohen Khumbu Ila liegen die beiden Sherpadörfer Khumjung und Kunde. Auf dem Talboden werden Kartoffeln, Spinat, Rettiche und Zwiebeln angebaut. In einer Hangnische (Bild 160, links) haben wir unser Lager aufgebaut.
109	164-166	Der noch intakte subalpine Wald bei Khumjung setzt sich aus mehreren Arten der Gattung *Rhododendron*, Tannen und Kiefern sowie verschiedenen Laubgehölzen zusammen. Typisch ist die Himalajabirke. In der Bildmitte die Ama Dablam, links im Hintergrund der Lhotse.
	167-169	Den Boden bedecken unter anderem Primeln, Lerchensporn und sogar Edelweiße. Unter den Zwergsträuchern fällt die mit unserer Frühlingsheide verwandte *Cassiope fastigiata* mit ihren schneeweißen Blütenglöckchen auf.
110	170	Über dem subalpinen Wald erheben sich die schneebedeckten Sechstausender wie die Kang Taiga (links) und der Tramserku (Bildmitte).
	171-172	Die Augenfalter (Satyridae) waren bei Khumjung durch *Aulocera padma*, die
	173-174	Apollofalter durch die Art *Lingamus hardwickei* vertreten.
111	175	Nach wochenlangem Nieselregen schien plötzlich schon am frühen Morgen die Sonne und gab den Blick frei auf das „Matterhorn" des Khumbu Himal, die 6856 m hohe Ama Dablam.
112	183	Besonderen Eindruck hinterlässt der große Tschorten am Eingang zur Tempelanlage. Es ist dies die tibetische Form des Stupas: Über einem Steinsockel ragt eine 13fach unterteilte, nach oben sich verjüngende Spitze aus Holz. Gekrönt wird sie von einem Halbmond, der die Sonne trägt.
	184-185	Das Kloster Tangpoche in seiner ursprünglichen Bauweise. Im Jahr 1989 ist es vollständig abgebrannt.
	186-187	Ein Innenraum des Klosters mit wertvollen Altären, Thangkas und Kultgegenständen sowie der großen Bibliothek.

146   147

148

149   150

151

152

153

154

155

157

Vergoldete Buddhastatuen stehen auf den Altartischen, dahinter sind dunkle Draperien gespannt, die von der Decke bis auf den Boden herabreichen, alles schwach erhellt vom Schein Dutzender Butterlämpchen (Abb. S. 112/186 – 187; Abb. 188). Ein großer Gebetszylinder (Korlo oder Mankor) ist randvoll mit kilometerlangen dünnen Papierstreifen (Dharanis) gefüllt, auf denen Gebete und Zauberformeln aufgedruckt sind. Wird der Zylinder gedreht, steigen diese Gebete zum Himmel empor.

Nach einer geraumen Weile erscheint der Abt des Klosters. Es ist ein noch junger Mann, in einen weiten mantelartigen Umhang gehüllt und mit einer spitzen Mütze auf dem kahl geschorenen Kopf (Abb. 189). Er begrüßt mich freundlich mit zusammengelegten Händen. Eine direkte Unterhaltung mit ihm ist leider nicht möglich. Mein Sherpa LAKPA TSERING, der an meiner Seite sitzt, dient wieder einmal als Dolmetscher.

Das Gespräch ist sehr schleppend und wenig inhaltsreich. Ich erfahre, dass es sich bei diesem Abt um die Wiedergeburt eines berühmten Lamas handelt, was ihm ein hohes Ansehen verleiht.

Den kulinarischen Höhepunkt dieser Audienz bildet der heiße Buttertee, der mir serviert wird. Es ist das erste Mal, dass ich ihn zu mir nehme. Dabei fallen mir die Berichte ein, die ich über dieses Getränk und seinen angeblich so widerlichen Geschmack gelesen habe. Mit einiger Vorsicht nehme ich die Schale in die Hand und bilde mir ein, hier keinen Tee, sondern einfach eine Bouillon zu trinken. Die braune Farbe, die der eines Milchkaffees gleicht, kommt dieser Vorstellung noch entgegen. Ich kann nicht behaupten, dass mir dieses Getränk aus billigem, in Tibet gebräuchlichem Ziegeltee und ranziger Yakbutter geschmeckt hätte. Doch ich habe es tapfer geschluckt, und es ist mir davon nicht schlecht geworden.

Abbildung 179. Der Weg führte an der Sherpasiedlung Phortse vorbei zum Kloster Tangpoche.

Abbildung 180. Bei Phunki (3250 m) blickt man tief hinab in die Schlucht des Imja drangka, den Oberlauf des Dudh Kosi.

Abbildung 181. Um eine Wiese herum gruppierten sich in 3867 m Höhe die Häuser und Tschorten des Klosters Tangpoche.

Abbildung 182. Das Gästehaus des Klosters stand etwas abseits der Tempelanlage.

Abbildung 188. Tempelgong und reich verzierte Blasinstrumente gehörten zu den Gebrauchsgegenständen
des Klosters.

Abbildung 189. Bei dem noch jungen Abt soll es sich
um die Wiedergeburt eines berühmten Lamas gehan-
delt haben.

Kapitel 5

Im Khumbu Himal

Zur Alm von Pheriche – Aufstieg zum Khumbu-Gletscher – Ein einsames Zelt am Fuß des großen Eisfalls – Noch einmal in Khumjung – Lichtfang in der Dudh Kosi-Schlucht – Rückmarsch nach Kathmandu – Die Heimreise

Nach der Überquerung des wild schäumenden Imja Khola (Imja drangka) gelangen wir nach Pangpoche, das mit 3985 m ebenfalls noch knapp unter der 4000-m-Höhenlinie liegt. Die Waldgrenze ist erreicht und mit ihr auch die Höhengrenze der langen Bartflechte (*Usnea* spec.), die zugleich den Wirkungsbereich des dichten Monsunnebels anzeigt (Abb. 190). Es beginnt die Region der alpinen Gebüsche und Matten (Abb. 191). Auch um dieses Sherpadorf herum werden noch Kartoffeln angebaut (Abb. 192; Abb.

S. 129/199). Gleiches trifft auf Dingpoche zu, einer weiteren ganzjährig bewohnten Sherpasiedlung, die in einem nahen Seitental auf 4300 m liegt.

In Pangpoche, so wird berichtet, bewahrt man ein Stück Fell des Yeti auf, jenes sagenumwobenen „Schneemenschen", in dem manche ein „missing link" zwischen dem Menschen und seiner nächsten Tierverwandtschaft sehen. An dieses Märchen habe ich noch nie zu glauben vermocht. Auch mir wurden natürlich von den Sherpas die altbe-

Abbildung 190. Für die langen Bartflechten des Nebelwaldes war bei knapp unter 4000 m die Höhengrenze erreicht.

Abbildung 191. Oberhalb von Pangpoche beginnt die Region der alpinen Gebüsche und Matten.

Abbildung 192. In Pangpoche wird ein Stück Fell aufbewahrt, das angeblich vom Yeti stammen soll. Die Dächer der Häuser sind mit Schindeln gedeckt. Auf den Feldern wachsen Kartoffeln.

kannten Geschichten aufgetischt. Man beruft sich dabei auf Zweit- und Drittpersonen, die dieses und jenes gesehen haben wollen. Die Fotos von Fußspuren, die von Zeit zu Zeit in europäischen und amerikanischen Journalen erscheinen, werden immer wieder als Beweis für die Existenz eines derartigen Lebewesens herangezogen. Ich war nicht darauf vorbereitet, das in Pangpoche aufbewahrte „corpus delicti" eines Yeti in Augenschein zu nehmen. Also verlasse ich diesen Ort wieder, ohne die bekannte Lederkappe mit den Schweinsborsten darauf in der Hand gehalten zu haben.

Vor fünfzig Jahren war die Diskussion über den Yeti noch in vollem Gange und hatte sogar die Anthropologen und Mammologen erfasst. So erschien beispielsweise im zehnten Band der „Säugetierkundlichen Mitteilungen" ein längerer Beitrag zur sowjetischen Diskussion der Schneemenschenfrage (HALTENORTH 1962). Dabei wurde auf die von MURRAY (Teilnehmer der Everest-Expedition des Jahres 1951 von ERIC SHIPTON) aufgenommenen Fotos von Fußspuren in 5500 m Höhe am Bartschganga-Gletscher hingewiesen. Diese zeigten klar und deutlich eine frische Fährte, die weder vom modernen Menschen, noch vom Bären, Langur oder sonst einem ähnlichen Lebewesen, sondern nur von einem „menschenähnlichen Zweifüßer" stammen könnte. Ab 1951 sollen auf weiteren Himalaja-Expeditionen viermal von Forschern und sechsmal von Einheimischen (Sherpas und andere) Yetis gesehen und über längere Zeit beobachtet worden sein. Daraufhin haben russische Forscher 1958 an der Akademie der Wissenschaften in Moskau eine eigene Kommission zum Studium der Schneemenschenfrage gegründet. Bis 1960 waren vier Hefte erschienen, zwei weitere befanden sich in Vorbereitung. Das gesammelte und teilweise veröffentlichte Material sollte zeigen, dass das Schnee-

menschenproblem viel umfangreicher ist, als man bisher geglaubt hatte. Es sei, so hieß es, kaum noch daran zu zweifeln, dass man es mit einem dem gemäßigten Klima angepassten Anthropomorphen zu tun habe, der vom Kaukasus bis zur Mongolei und nach Südchina verbreitet sei. In der Dokumentation der sowjetischen Wissenschaftler wurden rund 130 Augenzeugenberichte aufgeführt.

Unser Tagesziel ist Pheriche, eine Sommersiedlung der Khumbu-Sherpas in 4250 m Höhe. Auch die sowohl in festen Dörfern als auch in Sommersiedlungen lebenden Sherpas sind hier, sofern sie nicht im Dienst einer Expedition stehen, an ihrer „Höhengrenze" angekommen. Ich nutze daher die Gelegenheit, einige von ihnen im Bild festzuhalten (Abb. S. 129/193 – 196).

Hier ist es bereits merklich kühler. Die abendliche Temperatur liegt bei + 4 °C. Allerdings fällt kein Niederschlag, die Luftfeuchtigkeit ist daher geringer als in der subalpinen Waldstufe von Khumjung. Auf der sumpfigen Talsohle prangen ausgedehnte Primelfluren in hellem, leuchtendem Gelb (Abb. S. 130/201). Es ist die hochstängelige, unserer *Primula elatior* ähnliche sikkimensische Schlüsselblume (*Primula sikkimensis*), die hier ihren optimalen Standort hat. Begleitet wird sie von Knöterich-, Läusekraut- und Fingerkrautgewächsen. Die dominante Zwergstrauchflur besteht vor allem aus *Rhododendron setosum*, der gerade voll erblüht ist. Weiden- und Berberitzensträucher vervollständigen das Bild; an den trockenen Hängen wächst Wacholder. Aus der unerschöpflichen Welt schöner Blumen ragen der Blaue Mohn (*Meconopsis horridula*) und eine Schachblume (*Fritillaria* spec.) heraus. Zwischen all dieser Blumenpracht grasen einzelne Yaks und Yakbastarde (Abb. 200).

Am Tag flogen hier der asiatische Hochgebirgsgelbling *Colias cocandica tibetana* und der mit roten und blauen Augenflecken geschmückte Apollofalter *Lingamus hardwickei*, den ich bereits in Khumjung beobach-

Abbildung 200. An den vegetationsreichen Hängen grasen Yaks und Yakbastarde.

ten konnte. Bei meinen Jagdgängen durch das Alpenrosengebüsch stieß ich unvermittelt auf ein frisch geborenes Yakkalb. Die Kuh befand sich ein wenig weiter davon entfernt, kam aber nun sofort angerannt, um mich zu attackieren. Ich hatte Mühe, mich vor ihrem Zorn über diese unliebsame Störung gerade noch auf einem größeren Felsbrocken in Sicherheit zu bringen. Der Lichtfang, den ich auch hier durchführte, erbrachte zahlreiche Arten aus der Familie der Eulenfalter (Noctuidae); spinner- und spannerartige Nachtfalter waren dagegen kaum vertreten. Besondere Erwähnung verdient ein einzelner Himalaja-Karmingimpel (*Carpodacus erythrinus roseatus*). Bei Khumjung wurde die Art von DIESSELHORST als Brutvogel registriert (Abb. 202).

Vor dem Aufbruch am nächsten Morgen wird mir von den freundlichen Sherpas noch Yakfleisch angeboten. Es lag, in lange Streifen geschnitten, am Boden zum Trocknen aus (Abb. S. 129/197 – 198). Von einem luftgetrockneten Fleisch konnte jedoch keine Rede sein. Der Monsun, der um diese Jahreszeit die tiefer liegenden Berge und Täler voll im Griff hat, ist auch auf dieser Alm noch spürbar. Immer wieder ziehen Nebel auf, und feiner Sprühregen macht sich bemerkbar. Das Fleisch geht deshalb schnell in Fäulnis über. Es bedarf sicherlich eines besonders guten Magens, um den Verzehr unbeschadet zu überstehen, von der Reaktion der Geschmacksnerven ganz zu schweigen.

*

Am folgenden Tag setzen wir unseren Weg fort. Beim Aufstieg zum Khumbu-Gletscher begegnen wir zwei Hirten, deren Fröhlichkeit geradezu ansteckend wirkt. Es sind die letzten Sherpas, die wir noch vor der Stirnmoräne des Gletschers antreffen (Abb. 203, 204). Bei 4975 m erreichen wir schließlich Lobuche. Es ist der Name eines Ortes, der aus einer einzigen baufälligen, aus groben

Abbildung 202. Der Karmingimpel brütet in 4000 m Höhe.

Feldsteinen ohne Mörtelverbindung errichteten Hütte besteht, die jeglicher Einrichtung entbehrt und auch kein Dach besitzt. Eine Art Schutzwall also, der den Hirten auf diesem Weideplatz für Yaks als Unterkunft dient. Er liegt auf einer etwas erhöhten Stelle vor einem Steilhang. (Abb. S. 131/205, 206). Hinter ihren Außenmauern bauen wir unsere

Feuerstelle auf. Geschlafen wird weiterhin in Zelten. Die Ausrüstung sowie die nötige Menge an Brennholz wurde unter anderem von zwei in Khumjung angeheuerten Sherpafrauen heraufgeschleppt. Der unermüdliche ATACHI hat sich ihrer fürsorglich angenommen (Abb. 207).

Hier befinde ich mich nun auf feuchten Matten inmitten einer hochalpinen Flora in einem Ablationstal zwischen Talhang und Seitenmoräne des Khumbu-Gletschers. Als Kulisse dient die imposante Gestalt des 7185 m hohen Pumori (Abb. S. 133/216). Um mich herum eine reiche Palette an Alpenpflanzen, darunter mehrere Edelweißarten, Enziane, Fetthennen-Gewächse und natürlich wieder Primeln, Läusekraut, Hahnenfuß und Ehrenpreis, dazu der schon erwähnte blaue Himalaja-Mohn. Rhododendron, der auf der Alm von Pheriche noch als prächtige Strauchflur weite Teile des Talbodens bedeckt, ist hier, 700 m höher, nur noch in

Abbildung 203. Sherpahirten am Fuß des Khumbu-Gletschers.

121

Abbildung 204. Der Weg zum Mount Everest führt über die Stirnmoräne des Khumbu-Gletschers (4620 m).

kümmerlichen Exemplaren vertreten; Gebüsche und Sträucher fehlen gänzlich. Auch der Wacholder ist bei etwa 4500 m zurückgeblieben. Deshalb das Brennholz, das wir auf Anraten der Sherpas herauftragen ließen, um überhaupt kochen zu können (Abb. S. 132/208 – 215; S. 134/220 – 222).

Einer der häufigsten Tagfalter in dieser Höhenlage war die schon genannte *Colias cocandica tibetana*. Einzelne Exemplare flogen sogar noch bei Gorak Shep in über 5100 m Höhe! Sie erinnert an unseren Hochgebirgsgelbling *Colias phicomone*, den ich zum ersten Mal in Südtirol am Stilfser Joch oberhalb der Franzenshöhe zwischen 2000 und 2700 m beobachtet habe. Das Vorkommen seines zentralasiatischen Verwandten im Khumbu Himal umfasst ein Gebiet, das von 3800 m bis knapp über 5000 m Höhe reicht. Im Gegensatz dazu schafft es der Apollofalter *Lingamus hardwickei* nur bis 4500 m. Eine andere Art der Parnassiinae, die ich nur bei Lobuche fand, ist *Parnassius epaphus*. Die Exemplare (13

Männchen und 20 Weibchen), die ich davon mitbrachte, hat der holländische Apollofalter-Spezialist CURT EISNER später als neue Unterart ssp. *boschmai* beschrieben. An einer dunkelrot blühenden *Sedum*-Art fand ich eine kleine, erst halb erwachsene Raupe, die wohl zu dieser Spezies gehörte (Abb. S. 134/217 – 219).

Der unermüdliche Schwalbenschwanz war selbst hier oben noch zu beobachten. In zahlreichen Exemplaren flog außerdem noch die unserem „Kleinen Fuchs" nächstverwandte *Aglais cashmirensis* über die Matten. Ich war natürlich gespannt darauf, ob es gelingt, in dieser Höhe auch Nachtfalter anzulocken. Zu meiner Überraschung kamen sogar mehrere Arten, wiederum alle aus der Familie der Noctuidae, darunter eine für die Wissenschaft neue *Hadulipolia*.

Der Proviant für die nächsten Tage wurde durch einen Hammel bereichert, den wir lebend bis hierher mitgezerrt haben. Ein Bartgeier (*Gypaetus barbatus*), auch „Läm-

Abbildung 207. Die beiden Sherpanis haben ihre Lasten von jeweils 30 kg bis zum Basislager von Lobuche getragen.

Abbildung 223. Ein Bartgeier hat es auf unsere Schlachtabfälle abgesehen.

mergeier" genannt, hat offenbar ganz in der Nähe schon auf den Moment gewartet, in dem SUNSUBIR dem bedauernswerten Tier mit einem mächtigen Hieb seines Kukris den Kopf abschlug. Mit einigen Schlachtabfällen in den Fängen flog er einige Zeit später davon. Auch ein großer Himalaja-Kolkrabe (*Corvus corax tibetanus*) konnte nicht widerstehen, uns an diesem Schlachttag einen Besuch abzustatten. Anders als der Lämmergeier musste er es mit seinem Leben bezahlen, bereichert dafür jedoch die Vogelbalg-Kollektion der Zoologischen Staatssammlung in München als offenbar erstes Belegexemplar seiner Art aus Nepal (Abb. 223, 224).

Hier oben kam es zu einem Zwischenfall, der leicht einen schlimmen Ausgang hätte nehmen können. JOHANN POPP, der Vogelpräparator der Expedition, sollte auch

Abbildung 224. Auch ein Himalaja-Kolkrabe wollte seinen Anteil daran haben.

123

Abbildung 225. Entlang der Seitenmoräne ging es über alpine Matten und Geröllfluren gletscheraufwärts bis zum großen Eisfall am Fuß des Mount Everest.

an unserem Standort Vögel sammeln. Leider hatte er das Pech, höhenkrank zu werden. Eines nachts weckte mich mein Sherpa ganz aufgeregt, weil Sahib POPP draußen in der Kälte herum kroch und nicht mehr wusste, wo er sich befand. Ich musste also, nachdem ich ihn in sein Zelt zurückgebracht hatte, Sicherheitsvorkehrungen treffen, damit dies nicht noch einmal passierte. Tagsüber war der Mann durchaus ansprechbar, hatte aber nicht mehr die Kraft, die Hänge hinaufzusteigen. Er war wegen seines Zustandes sehr unglücklich, wollte aber nicht nutzlos herumsitzen und warten, bis der Expeditionsarzt kam, um ihn abzuholen.

Der befand sich zu dieser Zeit gerade in einem tibetischen Flüchtlingslager. Ich schickte sofort meinen Postläufer MAILA THAMANG mit dem Auftrag dorthin, Dr. ALTMEYER herbeizuholen. Das dauerte natürlich eine Weile. „Ich kann doch noch präparieren", meinte POPP und bat mich: „Schiasn's

ma halt wos, schiasn's ma wos!" Also zog ich los und brachte ihm eine Anzahl Finkenvögel aus der Verwandtschaft des Schneefinken, die er dann auch in wissenschaftlich brauchbare Bälge verwandelt hat.

Schon vorher war mir aufgefallen, dass sich auf den Kuppen der Geröllhänge rings um unser Lager Vögel aufhielten, die mich an den Schneefink erinnerten, obwohl sie deutlich heller gefärbt waren. Wie sich später herausstellte, handelte es sich in der Mehrzahl um den Himalaja-Schneefink (*Leucosticte nemoricola*), unter dem sich allerdings auch einige Exemplare des Felsschneefinks (*Leucosticte brandti audreyana*) befanden. Beide Arten leben hier offensichtlich vom Samen der reichlich vorhandenen Alpenpflanzen.

Zwei Tage später kam der Arzt und holte JOHANN POPP ab. Sobald der Patient in tiefere

Abbildung 226. Im Hintergrund (rechts von der Bildmitte) der Lho La (Grenzpass zu Tibet) und der Changtse.

Lagen gebracht wird, geht die Höhenkrankheit schnell wieder vorbei. Eine weitere ärztliche Versorgung ist dann nicht mehr nötig. So war es auch hier.

*

Am 6. Juli hält es mich nicht mehr länger in Lobuche. Nur von meinem Sherpa LAKPA TSERING begleitet breche ich zur letzten Etappe auf, die zugleich den höchsten Punkt meiner Sammelroute markieren soll. Entlang der Seitenmoräne geht es über alpine Matten und Geröllfluren (Abb. 225 – 227) gletscheraufwärts bis zum Fuß des großen Eisfalls, über den im Jahr 1953 der Aufstieg zum Gipfel des Mount Everest von EDMUND HILLARY und seinem Sherpa NORKAI TENSING geführt hat. Direkt davor befindet sich ein lang gezogenes Eisturmfeld. Von hier reicht der nach Norden ansteigende Hang bis zur eisbedeckten Passschwelle des Lho La

(6006 m) hoch, welche die Grenze zwischen Nepal und Tibet markiert. Auf der anderen Seite lugt der Changtse hervor. Seine Gipfelhöhe beträgt 7750 m (Abb. S. 135/228).

In 5160 m Höhe stellen wir das Zelt auf. Es ist der höchste Zeltplatz der Expedition von 1962. In der Karte, die der zum Forschungsunternehmen Research Scheme Nepal Himalaya gehörende Dipl.-Ing. ERWIN SCHNEIDER mit großer wissenschaftlicher Sorgfalt und künstlerischem Geschick geschaffen hat, ist diese Stelle mit Gorak Shep angegeben. Zusammen mit meinem Sherpa bin ich der einzige Mensch weit und breit. Die Stille, die uns umgibt, ist von erhabener Größe. Von hier aus haben wir einen einzigartigen Ausblick auf die Chomolongma, die Göttinmutter, wie die Sherpas den Mount Everest nennen, der sich direkt über uns bis auf 8848 m hinaufschwingt. Ihm vorgelagert und fast zum Greifen nahe baut sich drohend die Westflanke des Nuptse

125

Abbildung 227. Links die eindruckvolle Pyramide des Pumori (7185 m), rechts unten der 6697 m hohe Lingtren.

auf. Plötzlich ertönt ein gewaltiges Donnern und Krachen. Vor meinen Augen stürzen aus dieser Wand große Eisbrocken in die Tiefe. Dieses Schauspiel wiederholt sich noch mehrere Male. Auch in der Nacht krachen mit lautem Getöse Eislawinen auf den Gletscherhang herab (Abb. S. 135/229).

Nur diese gewaltigen Schläge unterbrechen die Stille der grandiosen Bergwelt. Kein Wind rührt sich. Es ist trocken und kalt. Gegen 16 Uhr messe ich bei sonnigem Wetter noch + 10° C. Als jedoch der Abend kommt, fällt die Temperatur rasch bis auf den Gefrierpunkt ab. Natürlich wird auch noch in dieser für entomologische Felduntersuchungen extremen Höhe die Petromaxlampe in Betrieb gesetzt. Es ist nicht umsonst: Zwei Eulenfalter kommen im Laufe von zwei Stunden bei einer Temperatur von nahe 0° C noch zum Licht. Eine davon erweist sich später als eine neue Art der aus Tibet bekannten Gattung *Dasysternum*.

In dieser Höhenlage gibt es nur noch eine stark aufgelockerte, extrem niederwüchsige Vegetation. Die Gattung *Rhododendron*, die in den Mahabharat Lekh und im Mittelland Baumhöhe erreicht, ist hier nicht einmal mehr in Strauchform vertreten. Die einzige Art (*Rhododendron nivale*), die hier noch vorkommt, kann dem Schnee, von dem sie monatelang bedeckt ist, nur noch flach angedrückt über den Boden kriechend standhalten. Eine Schlüsselblume (*Primula nivalis*) und ein paar Gräser sind alles, was ich noch an Pflanzen entdecken kann. Mit ihnen sind auch fast alle Schmetterlinge verschwunden, die ich im Khumbu Himal gesehen habe.

Es war eine kalte Nacht, die wir hier verbringen mussten. Schon am frühen Morgen krieche ich aus dem Schlafsack und mache gymnastische Übungen, um die erstarrten Glieder zu wecken. LAKPA TSERING kocht inzwischen hinter einem Felsbrocken in einer windgeschützten Mulde Tee. Eine

Abbildung 230. Eine Alpenbraunelle besuchte mich an meinem Zeltplatz in Gorak Shep.

Alpenbraunelle (*Prunella collaris nipalensis*) ist das einzige Lebewesen, das wir so kurz nach Sonnenaufgang um uns herum bemerken. Der kleine Vogel hat sofort erspäht, dass wir hier Brotkrümel verstreuen und wird zutraulicher (Abb. 230). Allmählich wird es heller. Die Sonne lässt sich zwar noch nicht

Abbildung 231. Eine Gletscherspalte musste überwunden werden.

blicken, aber auch die Wolken, die tief unter uns in den Tälern hängen, ziehen nicht weiter herauf. Der Monsun hat hier oben keine Macht mehr.

Wir beschließen, zunächst einmal einen Erkundungsgang über die Altmoräne hinweg in Richtung Großer Eisfall zu unternehmen. Bald kommen wir an eine Stelle, die mir nicht ungefährlich erscheint. Es ist zwar bloß eine etwa eineinhalb Meter breite Spalte, doch sie reicht tief hinab. Unten hört man das Wasser des Gletscherbaches rauschen. Hinter der Spalte ist eine kleine Hangstufe, die tückisch glitzert. Der Sprung ist zwar nur kurz, doch was geschieht, wenn man nicht sofort sicheren Halt fasst? Lakpa Tsering hackt mit seinem Pickel eine Kerbe in den Hang. Dann springt er. „No problem, Sahib!" Also springe ich auch (Abb. 231).

Bald sind wir bei den Eistürmen angelangt. Sie entstehen, wenn ein moränenbedeckter Lawinengletscher von den Eismassen aus einem Gletscherbruch überdeckt wird. Durch die freie Ablation, also dem Abschmelzen und Verdunsten von Eis und Schnee durch Sonne, Regen und Wind sowie warmer und trockener Luft, kommt es zu einer büßerschneeartigen Überformung von Eisblöcken und damit zu diesen bizarren Gebilden, die man, außer am Khumbu-Gletscher, noch in ebenso schönen Formen auf der Nordseite des Mount Everest am tibetischen Rongbuk-Gletscher antreffen kann. Zum Spaß schlüpfe ich in die Rolle eines Gipfelstürmers, ziehe die Schneebrille über die Augen und kämpfe mich mit dem Pickel und den Grödeln an den Schuhen ein paar Meter an einer solchen Eisnadel hoch. Die Aufnahme, die Lakpa Tsering auf meine Bitte hin von mir macht, zeigt einen „tollkühnen Himalaja-Bergsteiger" (Abb. S. 136/234 – 236; Abb. 232, 233).

Eine Weile streifen wir noch auf dem Moränenschutt umher und kommen an einen sogenannten Gletschertisch, der wie aus einem glaziologischen Lehrbuch herauskopiert vor uns steht – der Fuß aus abschmelzendem Eis, mit einer mächtigen Steinplatte

Bildtexte zu den Abbildungen auf den nachfolgenden Farbseiten (129 – 144)

129	193-196	Auf dem Weg von Khumjung nach Pangpoche nutzte ich die Gelegenheit, einige Bewohner des Khumbu Himal im Bild festzuhalten.
	197-198	In Pheriche wurde mir luftgetrocknetes Yakfleisch angeboten.
	199	Trotz einer Höhe von mehr als 4000 m werden oberhalb von Pangpoche noch Kartoffeln angebaut.
130	201	Auf der sumpfigen Talsohle von Pheriche prangen Primelfluren in hellem, leuchtendem Gelb.
131	205-206	Bei Lobuche wurde in 4930 m das Basislager für meine entomologischen Streifzüge am Khumbu-Gletscher errichtet.
132	208-215	Am Rand des Gletschers stand auf feuchten Matten Anfang Juli die hochalpine Flora in voller Blüte (Verzeichnis siehe S. 171).
133	216	Der 7185 m hohe Pumori bildet zu den grünen Matten am Khumbu-Gletscher einen herrlichen Kontrast.
134	217-219	Der zentralasiatische Apollofalter *Parnassius epaphus* flog hier in einer noch unbekannten Unterart. Seine Raupe lebt am Dickblattgewächs *Rhodiola fastigiata*.
	220	Unter den hochalpinen Pflanzen war der blaue Himalajamohn die wohl bekannteste.
	221-222	Andere Pflanzen kamen hinzu (Verzeichnis siehe S. 171).
135	228	Am Fuß des großen Eisfalls. Die Grenze zu Tibet versperrt die Passschwelle des 6006 m hohen Lho La. Dahinter ist der 7750 m hohe Changtse zu sehen.
	229	Mein Zelt steht in 5160 m Höhe auf der Altmoräne vor der Westflanke des Nuptse (7879 m).
136	234-235	Am Rongbuk-Gletscher auf tibetischer wie auch am Khumbu-Gletscher auf nepalesischer Seite stößt man auf gigantische Eistürme.
	236	Ein Gletschertisch am Fuß des Mount Everest.
137	237	Der Lhotse ist mit 8501 m der fünfthöchste Berg der Erde.
	238	Der Mount Everest (8848 m).
138	240-247	Szenen von einem religiösen Sherpafest, das dem guten Wachstum der Kartoffel geschuldet ist.
139	249	Der Feldaltar wurde an einem Hang oberhalb von Khumjung aufgebaut.
140	250-252	Das Fest fand in der Gömpa von Khumjung seine Fortsetzung.
141	253	Tanzende Sherpafrauen.
142	256	Am Oberlauf des Dudh Kosi, der hier noch Imja drangka heißt, bedeckt dichter Wald die Hänge zu beiden Seiten der tiefen Schlucht.
143	257	Der Wald bei Khumjung ist ein Ökosystem von überragender Bedeutung.
	259	Zwischen Khumjung und Kunde zieht sich entlang des Weges eine Mauer aus Steinplatten hin, die religiöse Schriftzeichen und Bilder tragen. Von diesem Mani stammt der „gestohlene Buddha".
144	260	Die auf einer Schieferplatte wundervoll herausgearbeitete Buddhafigur, der ich nicht widerstehen konnte.

234

235

236

250

251

252

darauf. Wie lange wird er wohl noch halten? Mittlerweile lässt sich auch die Sonne blicken. Ihr schräges Licht taucht die Passscharte des Lho La in ein strahlendes Weiß. Links davon grüßt die Spitze des 7145 m hohen Pumori hinter einem steilen Hang zu uns herüber. Über Geröll und scharfkantige Gesteinstrümmer gewinnen wir langsam an Höhe. Plötzlich fliegt ein Trupp Königshühner (*Tetraogallus himalayanus*) auf. Sie hatten uns längst kommen sehen und flüchten im tiefen Schwirrflug mit waagrecht ausgebreiteten Flügeln zu einer anderen Stelle des Hanges hinab. Das selbe Schauspiel sollte ich neun Jahre später noch einmal im Großen Pamir erleben, als ich zusammen mit CLAS NAUMANN und zwei afghanischen Begleitern eine Erstbesteigung durchführte.

Noch einem Tier begegne ich hier in dieser Höhe. Erneut ist es *Aglais cashmirensis*, sozusagen der himalajische Bruder jenes bekannten Nesselfalters, den wir den Kleinen Fuchs (*Aglais urticae*) nennen. Er ist der letzte auf meiner Liste von Tagfaltern, die ich noch oberhalb von 5000 m notieren kann. Hier, in fünfeinhalbtausend Metern, hat auch er seine endgültige Höhengrenze erreicht.

Bei 5545 m gibt es eine felsige Kuppe, den Kala Pattar. Von dort hat man den besten Ausblick auf den Mount Everest, der sich an diesem sonnigen Tag majestätisch vom blauen Himmel abhebt (Abb. S. 137/238). Sogar auf seine sonst für ihn so charakteristische Schneefahne über dem Gipfel hat er heute verzichtet. Rechts von ihm türmt sich ein anderer Riese auf, der Lhotse (Abb. S. 137/237). Mit einer Gipfelhöhe von 8501 m nimmt er in der Reihe der Achttausender den fünften Platz ein. Frei von allen Wolken, von der schon tief stehenden Nachmittagssonne angestrahlt, stehen beide vor mir. Mein Wunsch, einmal hierher zu kommen, um diesen Anblick zu genießen, ist in Erfüllung gegangen. Chomolongma, die Göttinmutter, war mir gnädig.

Natürlich denke ich beim Anblick der gewaltigen Südflanke des Mount Everest an die dramatische Geschichte seiner Besteigung, denke an den jungen und kühnen englischen Alpinisten GEORGE MALLORY, der es im Jahr 1924 erneut versucht hatte, über den Rongbuk-Gletscher von der Nordseite her auf den Gipfel zu gelangen. Vielleicht hat er es sogar geschafft? Keiner weiß es so ganz genau. Zuletzt hatte man ihn und seinen jungen Bergkameraden IRVIN noch in den „yellow slabs" gesehen, den gelben Kalksandsteinbändern, die sich quer durch die Nordflanke des Gipfelmassivs ziehen. Zwei Tage vorher, am 4. Juni 1924, hatte EDWARD FELIX NORTON, der Expeditionsleiter, im Alleingang die Höhe von 8572 m erreicht.

Der Angriff einer Schweizer Bergsteiger-Expedition im Jahr 1952 kommt mir in den Sinn. Ihr Lager auf einer Schuttinsel am Fuß des großen Eisfalls in 5300 m Höhe hatten sie nicht unweit der Stelle errichtet, wo heute mein kleines Zelt steht. Sie waren die ersten, die mit waghalsigen Manövern die große Querspalte im Gletscherbruch überwanden und eine luftige Seilbrücke errichteten. Bis etwa 8500 m sind sie gekommen, dann mussten sie umkehren, nur 350 m unter dem höchsten Punkt der Erde. Ein Jahr später wurde das große Ziel endlich erreicht. Eine britische Expedition, von Colonel JOHN HUNT umsichtig geleitet, brachte mit EDMUND P. HILLARY und dem Sherpa NORKAY TENSING schließlich den Gipfelsieg und damit zugleich ein Geschenk an die junge Königin Elisabeth von England im Krönungsjahr 1953.

Woran ich vor mehr als einem halben Jahrhundert nicht zu denken gewagt hätte, war der weitere Verlauf, den der Alpinismus rund um den Mount Everest inzwischen genommen hat. Daraus ist eine Art von Tourismus geworden, wie sie damals überhaupt nicht vorstellbar war. Auf einer Route, die man längst durch Fixseile und Aluminiumleitern ganzjährig abgesichert und begehbar gemacht hat, werden heute mit Hilfe von angemieteten Bergführern ungezählte Personen aus aller Welt hochgeführt. Deren eigentliches Ziel ist es, später mit einem persönlichen Gipfelfoto Eindruck zu schinden. Was müssen die noch lebenden Bergsteiger der alten Garde wohl denken beim Anblick der in langen Reihen aufsteigenden Amateuralpinisten? Manche von ihnen, die es trotz aller Hilfestellungen nicht geschafft haben, bleiben als Eismumien den Nachrückenden als ein ebenso erschreckender wie trauriger Anblick erhalten. Mein einsamer, von einer großartigen Hochgebirgswelt eingerahmter Zeltplatz bei Gorak Shep ist zu einem Rummelplatz mit festen Gebäuden und Müllhalde geworden, und die einmalige alpine Flora am Rand des Khumbu-Gletschers verschwindet unter den Tritten der ständig Auf- und Absteigenden.

*

Auf diesem steilen, mit Gesteinstrümmern bedeckten und deshalb etwas mühsam begehbaren Grat, der sich noch weiter zum Pumori an der Grenze zu Tibet hinzieht, war ich endgültig am Umkehrpunkt meiner Marschroute durch Nepal angekommen. Noch ein letzter Blick nach Norden (Abb. 239), dann begann der Rückweg. Er führte zunächst auf der alten Spur wieder zurück nach Khumjung, wo wir am 11. Juli eintrafen. Dort hatte sich inzwischen auch die Wetterlage gebessert, und ich habe Zeit, mich ein wenig mit dem Alltag der Sherpas zu befassen. Auch ein Fest durfte ich miterleben. Es findet zu Ehren der Kartoffel statt, das heißt für das Wachstum dieser für die Sherpas so wichtig gewordenen Feldfrucht. So soll am 22. Tag nach dem Dumji-Fest, das auf den Beginn der Regenzeit fällt und dem Gedeihen aller angebauten Nahrungspflanzen gewidmet ist, besonders intensiv gebetet werden.

Eine Art Feldgottesdienst also und damit eine Aufgabe für den Lama und sei-nen Gehilfen (Abb. S. 139/249). An einem Hang oberhalb der Felder, auf denen die Kartoffelpflanzen schon im dunklen Grün ihrer frischen Blätter prangen, wird eine Art Altar errichtet, ein grob gezimmerter Tisch mit einer Bank davor. Ringsum stehen die bekannten Butterlämpchen. Ein Buch, das so aussieht, wie ich viele davon bereits im Kloster von Tangpoche gesehen habe, ist aufgeschlagen. Der Lama fährt mit dem Zeigefinger an den einzelnen, mit Tusche geschriebenen Schriftzeichen entlang und murmelt den Text in rascher Wortfolge vor sich hin, wobei seine Stimme aus der Monotonie heraus immer wieder in bestimmten Abständen in tiefe, gutturale Töne abgleitet. Der Gehilfe an seiner Seite bedient eine kleine Trommel – die größere wird vom Meister geschlagen – oder schüttelt eine Handglocke. Ab und zu werden Reiskörner geworfen und aus dem mit Tschang gefüllten Krug ein ordentlicher Schluck genommen (Abb. S. 138/240 – 247).

Diese Zeremonie zieht sich über Stunden hin. Da während dieser Zeit der Tschangkrug mehrmals geleert wird, geraten die beiden frommen Männer bald ins Schwanken. Obwohl ich die Sprache, in der sie ihre Gebete murmeln, nicht verstehe, glaube ich doch herauszuhören, dass sie sich rhythmisch-akustisch verändert. Wäre es meine Sprache gewesen, so hätte ich Stein und Bein geschworen, dass die Beiden schließlich gelallt haben.

Die jungen Leute aus den beiden Dörfern Khumjung und Kunde, die um den Lama und sein Mönchlein herumstehen, haben inzwischen auch dem Tschang fleißig zugesprochen. Sie haben sich beim Nebenmann untergehakt und bemühen sich, ein ordentliches Stampftänzchen auf die Wiese zu bringen, das sie a capella mit nicht mehr ganz sangesfester Stimme begleiten. Wie gesagt, der Tschang ... (Abb. 248)!

Am Abend findet dieses Fest in der Gömpa, dem Dorftempel, seine Fortsetzung. Nun sind die Dorfbewohner fast vollzählig versammelt. Der Altar ist festlich geschmückt,

Abbildung 232. Mächtige Eistürme bedecken den Khumbu-Gletscher. Links der Sherpa Lakpa Tsering.

Abbildung 233. Der Autor auf dem Khumbu-Gletscher.

Abbildung 239. Der Changtse (7750 m) liegt bereits in Tibet und damit auf chinesischem Staatsgebiet.

Abbildung 248. Der Tschang zeigt seine Wirkung!

das heißt, es brennen viel mehr Butterlämpchen als noch am Nachmittag. Jede Familie bemüht sich, Tschang herbeizuschaffen. In großen Holzkrügen abgefüllt wartet er schon darauf, die Runde zu machen und den jungen Leuten, die sich bereits, fein säuberlich nach Geschlechtern getrennt, an der Wand entlang aufgestellt haben, richtig einzuheizen. Denn jetzt beginnt der Tanz der Sherpas! Jeder hat den Arm über die Schulter des Nebenmannes gelegt. In zwei nebeneinander aufgestellten Formationen stimmen sie ihre kehligen Gesänge an. Dazu bewegen sie sich in kleinen Schritten, immer einen bestimmten Takt einhaltend, nach vorn und wieder zurück. Eine Musikbegleitung dazu gibt es nicht. Die Bewegung des Körpers wird vom Rhythmus des Gesangs bestimmt, der in einer Oktave sich hochschwingt, dann wieder abfällt und in einem Stakkato gezischter Laute endet, die vom Stampfen der Füße begleitet werden.

Es ist mitreißend! Der Schein der vielen kleinen Lichter verleiht den schweißnassen Gesichtern der Tanzenden ein beinahe mystisches Aussehen. Die alten wettergegerbten Sherpas, viele davon in Eis und Schnee der Achttausender erprobt, schauen zu, ihre Tibetermützen keck zur Seite geschoben. Auch der gelb gewandete Lama, der den Feldgottesdienst gehalten hat, schaut zu, wobei ich nicht weiß, wie viel sein glasig gewordener Blick noch zu erfassen vermag (Abb. S. 140/250 – 252; S. 141/253; Abb.254 – 255).

Ich bin so bewegt von dem, was ich da sehen und miterleben darf, dass in mir der dringende Wunsch aufkommt, etwas davon als Erinnerung mitzunehmen. Ein Foto also, doch wie soll das geschehen? Die Gömpa ist eng, die Menschen darin aneinander gedrängt. Es gibt nur eine Möglichkeit, den für ein Bild (mit einem normalen Objektiv von 50 mm Brennweite aufgenommen, ein Weitwinkelobjektiv besaß ich damals noch nicht) notwendigen Abstand zu gewinnen: den hölzernen Mittelpfeiler, der das Dach

Abbildung 254. Der Tanz der Sherpanis.

Abbildung 255. Während der kurzen Tanzpausen wurde Tschang gereicht.

der Gömpa trägt, hinaufzuklettern! Aus ein paar Metern Höhe, mit den Beinen mich im Kletterschluss am Balken festhaltend, fotografiere ich mehrmals die Szenerie. Die verbrauchten Blitzbirnchen, deren kurzes Aufleuchten bei den Sherpas großes Staunen hervorruft, werfe ich von oben hinab. Sie werden sofort aufgehoben und zu den Butterlämpchen auf den Altar gelegt.

Norman Hardie (1959) hat den Tanz der Sherpas recht anschaulich beschrieben: „Die Tänzer ordnen sich zu einem weiten Halbkreis. Jeder legt die Arme auf die Schultern des Nachbarn. Die Männer bilden die rechte Seite des Bogens, die Frauen die linke. Die Begleitmusik besteht einzig und allein aus den Stimmen der Tänzer. Zu jedem Tanz gehört ein andres Lied; aber allen Reigen ist eine Grundform gemeinsam. Man beginnt mit einem langsamen Takt aus je zwei Schritten vor und zurück. In diesem langsamen Abschnitt habe ich vier Schritte unterscheiden können. Dann beschleunigt man auf doppelte Geschwindigkeit mit verwickelteren Schritten. Den Gesang unterbrechen Pausen, in denen man von eins bis zehn zählt im Gleichmaß mit den Schwingungen des Körpers und dem Schleifen der Füße. Beispielsweise heißt es einmal: Tschick a nii sum, sum, schicka naya a tuk, tuk, tuk …(Eins zu zwei und drei, drei, drei, vier und fünf und sechs, sechs, sechs …). Diese Art des Singens stammt aus Tibet und wiederholt sich mannigfach abgewandelt in allen Teilen des Himalaya. Viele Tänze und Lieder entstanden in Sherpadörfern, aber stets in Anlehnung ans tibetische Vorbild."

Wer sind diese Sherpas? Es ist schon viel über sie geschrieben worden. Ihr Name ist keine Berufsbezeichnung wie etwa „Hochgebirgsträger". Im Tibetischen bedeutet „Shar" soviel wie Osten und „pa" soviel wie Volk. Man kann den Namen also mit „Volk aus dem Osten" übersetzen, was soviel bedeutet, dass Tibet (im weitesten Sinne) die ursprüngliche Heimat dieser Menschen ist. Wie aus Dokumenten zu entnehmen ist, die sich in Klöstern, aber auch in Familienbesitz befinden, sollen sie auf einem über 2000 km langen Wanderweg um das Jahr 1470 als kleine Schar von zunächst vier Clanfamilien in die Gegend von Junbesi und Thakto gekommen sein. Heute bewohnen sie in Nepal oberhalb von 3000 m ein Gebiet, das vom Fuß des Mount Everest über das Dudh Kosi-Tal bis ins Mittelland in die Gegend von Junbesi reicht. Mit Tibet waren sie immer durch einen regen Tauschhandel verbunden, der sich, nicht weit von Khumjung entfernt, über den Nangpa La (3837 m) bewegte. Heute ist dieser Handel wegen der Besetzung Tibets durch die Chinesen fast zum Erliegen gekommen.

Von ihren Dörfern in Khumbu und Solu ausgehend, haben die Sherpas bis in eine Höhe von 4900 m hinauf Sommersiedlungen und Hochalmen errichtet, wo sie sich über drei Monate lang mit ihrem Vieh aufhalten. Dazu gehört vor allem der Yak, der jedoch meist mit anderen Rindern gekreuzt wird. Aus der Milch wird Butter zubereitet, mit der schließlich auch der Buttertee gemacht und die unzähligen Opferlämpchen gespeist werden. Aus den Haaren der Grunzochsen webt man Stoffe, aus denen wiederum die auffälligen, quer gestreiften Schürzen der Sherpafrauen hergestellt werden. Die tragen sie das ganze Jahr über. Auch das darunter getragene Kleidungsstück (unter dem dann noch weitere folgen) ist aus einem groben Tuch gefertigt, das sie selbst weben. Schmuck ist sehr beliebt, vor allem schöne Halsketten und Ohrringe aus Türkisen. Das dichte dunkle Haar wird zu langen Zöpfen geflochten.

In Khumbu leben im Jahr 1960 zwischen 2000 und 2500 Sherpas in weniger als 600 Häusern. Khumjung selbst bestand aus 93 Häusern. Die Zahl der Kinder lag im Durchschnitt bei knapp über fünf, die Kindersterblichkeit bei reichlich einem Drittel (36,2 %) (Hagen 1970).

Der Weg zwischen nahe beieinander liegenden Dörfern wie etwa zwischen Khumjung und Kunde ist meist von Steinmauern eingefasst. Oft ist zwischen ihnen ein Mani aufgerichtet, ein aus behauenen Steinplatten gefertigter Wall, manchmal auch eine Steinpyramide. An solchen Stellen gabelt sich der Weg. Man geht immer rechts am Mani entlang. In diesen Steinplatten sind in kunstvoll ausgeführten tibetischen Schriftzeichen Gebete gemeißelt, allen voran das ewige *Om mani padme hum* („Du Wunder im Lotos"). Es ist also ein Ort der religiösen Ehrerbietung.

Mit dem Mani bei Khumjung verbindet mich ein besonderes Erlebnis. Dort fiel mir eine Steinplatte von außergewöhnlicher Schönheit auf. Sie trug keine Schriftzeichen, dafür eine künstlerisch wunderbar herausgearbeitete Buddhafigur. Immer wieder ging ich an diesem Mani vorüber und sah mir diese Platte an. Der Wunsch, sie zu besitzen, wuchs in mir, doch die Achtung vor dieser fremden Religion verbot es, diesem Gedanken weiter nachzuhängen.

Über das Aussehen der Häuser, in denen die Sherpas leben, habe ich schon berichtet. Als mich URKIEN in sein Haus einlud, hatte ich Gelegenheit, auch die Innenräume näher kennenzulernen. In der unteren Etage werden die Nahrungsmittelvorräte aufbewahrt. Das obere Stockwerk enthält den großen Wohnraum mit Holztruhen und Holzregalen an den Wänden. Der Herd ist eine Feuerstelle ohne Rauchabzug. Der Ruß des offenen Feuers hat alle Gegenstände ringsum geschwärzt. Der Rauch zieht ohne Kamin nach oben ab und entweicht durch die Ritzen des Daches. In den Morgenstunden, wenn die Sherpafrauen Tee kochen, stehen über jedem Haus kleine Rauchwolken, die sich bald mit dem Morgennebel vermischen und in Schwaden über das Dorf ziehen.

Der Wald hat für die Sherpas offenbar eine andere Bedeutung als für die Newars im Kathmandutal oder für die indische Bevölkerung im Süden des Landes. In Khumbu wird er jedenfalls auf vielfältige Weise genutzt und dabei äußerst schonend behandelt.

Man schickt die Kinder hinein, die in ihren geflochtenen Tragkörben dürre Äste und Pilze sammeln. Überhaupt ist Brennholz hier der wichtigste natürliche Rohstoff. Gerade deshalb haben die Sherpas bereits frühzeitig erkannt, dass sie mit dieser Ressource sorgfältig umzugehen haben. Es gibt einen von mehreren Dörfern bestellten Waldhüter, der darüber wacht, dass es zu keiner frevelhaften Nutzung kommt.

*

Für mich ist der Wald in Khumbu gleichfalls eine Ressource von überragender Bedeutung (Abb. S. 143/257). Seine Insektenfauna ist noch gänzlich unbekannt. Insbesondere die sicherlich sehr artenreich vertretenen Nachtfalter haben es mir angetan. Ich beschließe deshalb, noch ehe wir das Sherpaland endgültig verlassen, in die schluchtartige Verengung des oberen Dudh Khosi-Tales, genauer gesagt in den Imja drangka, dem Oberlauf des Dudh Kosi, hinabzusteigen. Bereits von Namche Bazar aus habe ich beobachtet, dass die Hänge dort von einem dichten Wald bedeckt sind, der anders aussieht als der subalpine Wald mit Birke, Tanne und Rhododendron hier bei Khumjung (Abb. S. 142/256).

Am 21. Juli wandere ich auf dem zunächst vertrauten Pfad noch einmal hinunter zur Brücke über den Imja Kola unterhalb von Tangpoche. Doch anstatt zur Klostersiedlung hochzusteigen, wende ich mich diesmal bei Phunki (3250 m) nach rechts und biege in den steilen Osthang oberhalb des Flusses am Fuß der Ama Dablam ein. Hier hat vor ein paar Jahren der amerikanische Bergsteiger JACKSON im Auftrag der „Daily Mail" nach dem Yeti, dem furchterregenden Schneemenschen gesucht. Elf Sherpas haben ihn dabei begleitet, was kein Wunder ist, denn um eine sensationslüsterne Leserschaft zu befriedigen, wird für derartige Unternehmungen immer Geld aufzutreiben sein. Bald habe ich die Lichtung gefunden, auf der JACKSON damals sein Lager errichtet hatte.

Für meine Zwecke schien sie hervorragend geeignet. Ich wollte ja keinen Yeti fangen, sondern nur harmlose Nachtfalter, die man auf einer ziemlich freien Fläche am besten anlocken kann. Als es plötzlich im Gebüsch knackt, blicke ich gespannt hoch. Es war das erste und einzige Mal, dass ich den scheuen Serau sehe. Für kurze Zeit bleibt das Tier stehen und äugt zu mir herüber, dann verschwindet es im Dickicht des Waldes.

Über den Serau (*Capricornis sumatraensis*) ist nur wenig bekannt, was mit seinem scheuen Wesen zu tun hat. Anders als sein nächster Verwandter, der Goral (*Naemorhedus goral*), der ebenfalls zur Gemsenverwandtschaft der „Waldziegen" oder „Waldantilopen" gehört, lebt er in dichten, undurchdringlichen Gebirgswäldern.

An dieser Stelle, 600 Höhenmeter unterhalb von Khumjung, ist es deutlich feuchter. Auffallend ist das Fehlen der Himalaja-Birke. Dafür sind Moose, Farne und Flechten, darunter Bartflechten aus der Gattung *Usnea*, sehr häufig. Die Niederschläge sind erheblich, die Luftfeuchtigkeit daher permanent hoch. Die Tages- und Nachttemperatur liegt um gut 5° C über den Werten, die ich im Basislager von Khumjung gemessen habe.

Als die Nacht kommt, verstärkt sich der Regen noch. Unter solchen Voraussetzungen hatte ich zuvor noch niemals Lichtfang betrieben. Ich baue trotzdem den in Thodung erfundenen und dort so erfolgreich eingesetzten Leuchtturm auf. Hier musste ich ihn allerdings noch mit Plastikfolien abdecken, um die Petromaxlampen einigermaßen vor dem starken Regen zu schützen. Vollständig gelingt das natürlich nicht. Immer wieder zischt es, wenn dicke Tropfen auf den heißen Lampenschirm aufschlagen.

Es ist verhältnismäßig warm und windstill. Das einzige Naturelement, das jetzt ohne Unterlass auf mich einwirkt, ist dieser subtropische Regenguss. Doch gerade er veranlasst die Nachtfalter zu höchster Aktivität!

In dichten Scharen kommen sie angeflogen. Das Sammeln bedarf unter diesen Umständen einer besonderen Organisation: Neben dem Leuchtturm muss das Zelt aufgebaut und darin so viel Platz geschaffen werden, um die Sammelgläser, etwa zwanzig an der Zahl, bequem handhaben zu können. Dazu kommen noch drei große „Standgläser", die möglichst nicht bewegt werden sollten und deshalb zum besseren Schutz ihres Inhaltes zusätzlich locker mit Zellwolle befüllt werden.

Der im Zelt verbleibende Sammler hat die Aufgabe, die 20 kleinen Sammelgläser mit einem Durchmesser von 5 – 10 cm, mit denen die anfliegenden Schmetterlinge vom Leuchtturm abgenommen werden, möglichst flott in die großen Standgläser zu entleeren. Dabei ist zu beachten, dass die darin befindlichen Tiere bereits betäubt sind, da sie sonst den bereits leblosen Inhalt in den Standgläsern zu sehr durcheinanderwirbeln würden. Alles ringsum trieft vor Nässe, auch die mit Zyankali gefüllten Gläser. Da diese Füllung, die sich auf dem Boden befindet und mit einer perforierten Korkscheibe abgedeckt ist, hygroskopisch reagiert, ist natürlich auch ihr Wirkungsgrad ein sehr hoher. Gottseidank! Es dauert immer nur wenige Sekunden, bis die eingefangenen Tiere auf dem Rücken liegen.

Der Fänger ist gegen den Regen notdürftig nur durch einen über den Kopf gezogenen Anorak geschützt. Beim Einsammeln der Tiere wird dieser nach vorn gezogen, um etwas mehr Schutz zu bieten. Man hat nun alle Hände voll zu tun! Mein Rhythmus bestimmt zugleich den Ablauf des Geschehens: sich nach vorn neigen, den mit dem Daumen schräg angehobenen Korken über dem abgestreiften Falter so rasch wie möglich wieder auf das Glas setzen, sich mit halber Drehung nach rückwärts beugen ohne den Kopf dabei zu wenden, und dabei das Fangglas nach hinten reichen, um dafür sofort wieder ein leeres in Empfang zu nehmen. Es ist wie beim Staffellauf im Augenblick der Stabübergabe, nur mit dem Unterschied, dass die Beine, die bald

Abbildung 258. Die Landung eines Helikopters erregte großes Aufsehen.

gefühllos werden, dabei nichts zu tun haben. Es gab nur den „Stabwechsel" und zwar „am laufenden Meter", denn der Anflug war ungewöhnlich stark und ließ keine Ruhepausen zu. In zwei Nächten konnten allein an dieser Stelle weit über 5000 Tiere gesammelt werden.

Viele davon kannte ich bereits aus Thodung und von einigen anderen Plätzen; nicht wenige waren jedoch neu für mich, insbesondere solche aus der Familie der „Sichelflügler" (Drepanidae), wie zum Beispiel die später als neu beschriebene *Tridrepana astralaina*. Aus der Familie der Hirschkäfer (Lucanidae), von denen ich aus Nepal insgesamt zehn Arten mitbrachte, kamen im strömenden Regen die beiden Schröter *Dorcus tityus* und *Dorcus nepalensis* an den Leuchtturm geflogen. Bei Thodung hatte ich bereits *Dorcus antaeus* und *D. dorelictus* sowie die „großen Hirschkäfer" *Lucanus atratus* und *L. villosus* eingesammelt. Vier dieser himalajischen Arten waren neu für Nepal.

*

Mit der Rückkehr von dieser zwar anstrengenden, aber auch höchst erfolgreichen Sammeltour in den vor Nässe triefenden Wald am oberen Dudh Khosi ins höher gelegene Khumjung waren zugleich die letzten Tage des Aufenthaltes bei den Khumbu-Sherpas angebrochen. Noch einmal bot sich die Gelegenheit, Gast in ihren Häusern zu sein und dabei ihre Gewohnheiten und ihren Alltag kennenzulernen. Es lebt sich hier auch für den Fremden nicht schlecht. Er bekommt Kartoffeln in verschiedenen Zubereitungsarten, ferner Gerstenmehl, das man Tsampa nennt und vielseitig verwenden kann, außerdem Rettiche, Zwiebeln und Spinat. Auch schmackhafte Pilze gehören zum Speisezettel. Die Sprache, die gesprochen wird, ist mit dem Tibetischen verwandt. Auch das deutet, neben vielem anderen, auf die Herkunft der

Abbildung 261. Empfang von Professor Josef Poelt (4. von links) in Kathmandu. Rechts außen der blumengeschmückte Autor mit seinem tapferen Sherpa Lakpa Tsering.

Sherpas hin. Etwas Schriftliches darüber gibt es jedoch nicht.

Am Tag des Abschieds wurde ich noch einmal von der Familie meines Sherpas Lakpa Tsering eingeladen. Ich hatte schon eine Ahnung davon, was mir jetzt bevorstand. Es ist so etwas wie eine feste Regel, den Fremden gut zu bewirten und, wenn er dann wirklich gehen muss, mit Unmengen von Tschang, dem bekannten vergorenen Bier zu traktieren. Hergestellt wird es aus Gerste, Mais, Reis oder Hirse (auch aus Kartoffeln, doch dann ist es von eher minderer Qualität). Aus dieser Grundsubstanz knetet man mit der Hand einen Brei. Die so entstehende Maische wird durch ein Sieb aus Bambusgeflecht gedrückt und auf diesem einfachen, fast primitiven Weg der so begehrte und durchaus berauschende „Gerstensaft" gewonnen. Aufbewahrt wird er in großen Krügen, die aus einem einzigen Holzklotz gefertigt sind. Das geschieht auf einer Art Drehbank, die von einer Wassermühle angetrieben wird. Die Messingreifen, die man um den Krug legt, sind handgeschmiedet.

In diesen Krügen wird der Tschang hereingebracht. Wer nun glaubt, dass man sich daraus selbst bedienen und damit die Menge, die man zu sich nimmt, selbst bestimmen kann, der hat sich gründlich geirrt! Die Frau des Hauses steht unerbittlich neben dir und zwingt zum raschen Leeren der großen, bis zum Rand gefüllten Schale. Dann folgt sofort die zweite Runde. Alle deine Gesten und verzweifelten Handbewegungen, mit denen du die Bitte um wenigstens eine kleine Pause bei diesem Trinkgelage zum Ausdruck bringen willst, werden geflissentlich übersehen. Mit fröhlichem Lachen, aber einer gnadenlosen Hartnäckigkeit, die keinen Widerspruch duldet, zwingt sie dich, auch diese Runde zu beschließen. Doch es war noch nicht die letzte! Üblich sind drei Runden, wobei nach oben hin natürlich keine Grenze gesetzt ist.

155

Doch wer, außer einem Sherpa, schafft das schon?

Solche Rituale gibt es auch bei anderen Völkern. In Äthiopien, zum Beispiel, muss der Gast eine aus alter Tradition stammende Kaffeezeremonie über sich ergehen lassen. In ihrem etwa halbstündigem Verlauf bekommt er von der Hausherrin in einem Messinggefäß drei Tassen Kaffee kredenzt. Würde er sie nicht austrinken, könnte sein Verhalten dem Gastgeber gegenüber als feindlich gestimmt ausgelegt werden.

Als ich endlich meine drei Runden eingeflößt bekommen hatte und aufstand, um mich endgültig zu verabschieden, spürte ich plötzlich meine wackeligen Beine. Die brauchte ich aber heute noch. Ich musste ja meine Mannschaft wieder einholen, die schon weit voraus war. Zum letzten Mal führte mich der Weg an der bekannten Manimauer entlang (Abb. S. 143/259). Und zum letzten Mal geriet dabei diese wunderschöne, bereits beschriebene Steinplatte mit der Buddhafigur darauf in mein durch den reichlichen Tschanggenuss jetzt deutlich verengtes Blickfeld. Doch nicht nur dieses hatte sich verändert! Auch mein Respekt vor einer Opfergabe, die ein frommer Mann in der Hoffnung auf das Nirwana gestiftet hat, war in Schieflage geraten. „Da flüstert der Schalk, der Versucher ins Ohr: Geh, hol dir doch diese Tafel" könnte ich jetzt – frei nach GOETHE, wenn auch leicht abgewandelt – hier anführen. Und tatsächlich: Ich hob sie mit zitternden Händen auf, blickte ängstlich um mich und packte sie schnell in meinen Rucksack. Dann wankte ich, mehr schlecht als recht, den Vorausgegangenen hinterher, die ich dann in Namche Bazar endlich wieder einholte (Abb. S. 144/260).

Über den Rückmarsch will ich mich nicht weiter auslassen. Ich hatte ausschließlich starke Sherpaträger bei mir, die das Tempo bestimmten. Bereits am 8. August, das waren nur dreizehn Marschtage, bin ich wieder wohlbehalten in Kathmandu eingetroffen. Dort hatte ich noch das Vergnügen, Professor Dr. JOSEF POELT von der Botanischen Staatssammlung in München vom Flughafen abzuholen (Abb. 261). Er hatte die Aufgabe, im Rahmen unseres Forschungsunternehmens die Algen, Flechten und Moose sowie Schleimpilze (Myxomyceten) zu sammeln und näher zu untersuchen.

Noch am Ankunftstag führte ich ihn zu den alten Königstädten Patan und Bhatghaon, um ihm dort die historischen Bauten und Denkmäler zu zeigen, zum Beispiel den Durbar, ein aus roten Ziegelsteinen errichteter Bau mit dunkelblau bemalten Fenstern, einst der Palast der Malla-Könige, davor die hohe Steinsäule mit der Bronzefigur von König YOGANARENDRA MALLA vom Ende des 17. Jahrhunderts. Die vergoldete Figur wird von einer ebenfalls aus Bronze gegossenen Kobraschlange mit gespreiztem Nacken bewacht – ein Symbol des damaligen Regenten. Oder das goldene Tor in Bhatgaon, eindrucksvoller Beweis dafür, dass die Newars sich nicht nur auf die kunstfertige Bearbeitung von Holz verstanden, sondern auch auf die von Metall. Bald merkte ich jedoch, dass der Blick des Flechtenprofessors immer mehr dorthin abschweifte, wo auf Tempeldächern oder an Mauern die von ihm gesuchten archaischen Pflanzen wuchsen. Schließlich hatte er die erste Moosprobe genommen und sorgfältig in das stets mitgeführte, handlich zugeschnittene Zeitungspapier verpackt. Jetzt erst war er richtig in Nepal angekommen!

Noch eine andere Begebenheit scheint mir berichtenswert zu sein – ich meine den Besuch bei Dr. FLEMING. Er wusste von unserem Forschungsunternehmen und wartete sicherlich schon sehr gespannt darauf, etwas über die ornithologischen Beobachtungen zu erfahren. Als er hörte, dass ich als erster der 4. Arbeitsgruppe nach Kathmandu zurückgekehrt war, schickte er einen Boten mit einer Einladungskarte und dem Vermerk darauf, dass er sich über meinen Besuch sehr freuen würde. Er wohnte in einem schönen, mit hohen Bäumen umgebenen Bungalow gleich hinter dem amerikanischen Hospital, in dem seine Frau als Cheffärztin arbeitete.

FLEMING war ein hagerer, grauhaariger Gelehrter, der wohl beste Kenner der Vogelwelt Nepals. Er saß in einem bequemen Sessel, der dem großen Panoramafenster, durch das man direkt in den parkähnlichen Garten blicken konnte, genau gegenüber stand. Sein linkes Bein war mit einem dicken Gipsverband umwickelt. Er entschuldigte sich sofort dafür, dass er mich nicht anders empfangen konnte, doch er habe eine Fraktur erlitten und von seiner Frau vor allen Dingen Ruhe und Geduld verordnet bekommen. Ob ich mich nicht auch auf seinem Verband mit meiner Unterschrift verewigen wolle? Darauf waren tatsächlich schon etliche Signaturen zu sehen. Ein passender schwarzer Fettstift lag auch auf dem Hocker, der das Bein stützte.

Ich tat ihm natürlich gern den Gefallen. Dann wurde Tee und Gebäck gereicht und ich musste von unserer Wanderung durch Nepal erzählen. Als Entomologe konnte ich ihm, dem berühmten Ornithologen, natürlich kaum etwas Neues oder besonders Aufschlussreiches mitteilen. Doch er hörte genau zu und war auch am scheinbar Nebensächlichen interessiert. So berichtete ich von den allgegenwärtigen Maina-Staren, die ich in den Dörfern zu Dutzenden antraf, von der Dayaldrossel, die wie eine kleine Elster aussah („yes, you are right, like a little Magpie"), vom unverwechselbaren Drongo mit seinen langen schwarzen, am Ende gegabelten Schwanzfedern, der wie ein Bienenfresser Insekten im Flug schnappen konnte, von Tannenhähern, Hauben- und Braunkopfmeisen. Ich schilderte ihm, wie ich eine Ringdrossel auf ihrem Eigelege im Gezweig eines kleinen Nadelbaumes beobachtet und fotografiert habe und welche der prächtigen Fasanenvögel ich im Gebirge zu Gesicht bekam, allen voran den wie ein Pfau herausgeputzten Monal und den im Rhododendrondickicht verborgen lebenden Tragopan. Meine bescheidene Artenkenntnis war noch taufrisch; sie resultierte schließlich

aus gemeinsamen Expeditiontagen mit dem Ornithologen DIESSELHORST und seinem Präparator JOHANN POPP. Die hatten, wie sich bei der Auswertung des Materials später ergab, 60 % von den 550 in Nepal festgestellten Vogelarten sammeln können und als wissenschaftlich präparierte Bälge in die Zoologische Staatssammlung nach München gebracht.

Plötzlich richtete Fleming seinen Blick an mir vorbei (ich saß mit dem Rücken zum Fenster) nach draußen. Er hatte etwas bemerkt und wurde ganz aufgeregt. „A hawk", rief er, „on a tree just behind you! A rare species, I should have it." Und dann zu meiner Überraschung: "Can you shoot the bird for me?" Er rief den Diener, der sofort eine lange Flinte brachte und mich vorsichtig durch die Hintertür nach draußen führte. Behutsam spähte ich um die Ecke – und sah den Vogel. Er hatte die Größe des Turmfalken-Terzels, wahrscheinlich noch etwas kleiner. Noch ehe er mich wahrnehmen konnte war es schon um ihn geschehen. Der Diener musste ihn vom Nachbargrundstück holen, in das er gefallen war. Dr. FLEMING war jedenfalls mit dem Verlauf dieser Aktion sehr zufrieden und bedankte sich mehrmals. Wenigstens auf diese unerwartet praktische Art und Weise konnte ich ihm einen Dienst erweisen, der mich heute noch schmunzeln lässt, wenn ich daran denke.

*

Bald darauf verließ ich Kathmandu und flog wieder zurück nach Delhi. Begleitet hat mich „der gestohlene Buddha". Die Schieferplatte, in die er eingraviert ist und die ein Maß von 26 x 22 cm besitzt, hatte ich mir mit Hilfe eines Handtuchs um den Leib gebunden. Sie passte genau auf die Fläche von Brust und Oberbauch. Dabei kam mir die beträchtliche Verringerung meines Körpergewichtes als Folge der gesundheitsförderlichen wenn auch anstrengenden Hochgebirgswanderungen, die jetzt hinter mir lagen, sehr zustatten! Der so entstandene

„Waschbrettbauch" war die ideale Basis für diese Aktion, die schließlich auf einem Sitz in der DC-3 ihr Ende fand, als ich das kostbare Stück vor den erstaunten Augen der mitreisenden Passagiere wieder auswickeln konnte.

Der „gestohlene Buddha" wird einmal in den Besitz meines Sohnes übergehen, allerdings mit der strengen Auflage, ihn einem Völkerkundemuseum in Deutschland zur letztgültigen Aufbewahrung zu übergeben. Sollte dies ein Rückgabeersuchen der nepalesischen Kulturbehörde nach sich ziehen, ist diesem unverzüglich Folge zu leisten.

Von Delhi aus setzte ich den Weg nach Hause zunächst mit der Bahn fort, natürlich mit einem zweitägigen Aufenthalt in Agra, denn allein schon den Taj Mahal – „the dream of marble" – wollte ich unbedingt noch sehen. Endstation dieser Bahnreise war Bombay. Von hier aus fuhr ich weiter mit dem „Lloyd Triestino", der mir schon vertrauten italienischen Schifffahrtslinie, diesmal auf der „MS Victoria", dem Schwesterschiff der „MS Asia", mit der ich im Jahr 1957 meine erste Reise nach Asien angetreten hatte. Und damit die Dinge auch wirklich alle schön zusammenpassen: Dieser „MS Asia" begegneten wir, die Passagiere der „MS Victoria", mitten im Arabischen Meer. Keine dreihundert Meter waren wir voneinander entfernt. Die Nebelhörner dröhnten, als wir mit wehenden Flaggen aneinander vorbeifuhren und einander zuwinkten. Auf der „MS Asia" befand sich Professor Hellmich, der Leiter des Forschungsunternehmens, auf seinem Weg nach Kathmandu. Für ihn galt bereits, den Einsatz der 5. Arbeitsgruppe vorzubereiten.

Mit dem Material, das ich nach München brachte, waren meine beiden Auftraggeber, Walter Hellmich und Walter Forster, sehr zufrieden. Vier Expeditionskisten waren randvoll mit teilweise bereits vorpräparierten Insekten gefüllt und der Zoologischen Staatssammlung zur wissenschaftlichen Bearbeitung und Aufbewahrung übergeben worden. Darunter nahmen die Schmetterlinge mit rund 40 000 Tütenfaltern den ersten Platz ein. Die Arbeit im Jahr 1962 war getan.

Dank und Adresse des Autors

Wie schon aus dem Vorwort hervorgeht, ist dieses Buch die Fortsetzung meiner „Expedition in Afghanistan" der Jahre 1957–1971, die 1962, über den Hindukusch und Pamir hinaus, auch noch Nepal und den Himalaja mit einbezog und damit meine ganz persönliche „vergleichende Hochgebirgsforschung" auf dem Gebiet der Schmetterlingskunde zum Abschluss gebracht hat. Es ist für mich eine besondere Genugtuung, nach so vielen Jahren das Ergebnis dieser sechs Forschungsreisen als eine Dokumentation vorzulegen, die ganz bewusst über die strenge Fokussierung auf das Fachgebiet der Entomologie hinausgeht.

Das wäre allerdings nicht zu erreichen gewesen ohne die Hilfe zahlreicher Personen, von denen ich einige bereits im Afghanistanbuch genannt habe. Für Nepal kommt noch, außer Dr. WALTER FORSTER, der ebenfalls schon verstorbene ehemalige Organisationsleiter des Forschungsunternehmens, Professor Dr. WALTER HELLMICH, hinzu. Seine umsichtige Planung und sein Geschick bei der Überwindung mancherlei Schwierigkeiten bleiben unvergessen! In diesem Zusammenhang gebührt auch der Fritz-Thyssen-Stiftung, die das Unternehmen finanziert hat, Dank und Anerkennung. Nicht vergessen möchte ich den nimmermüden Einsatz meiner einheimischen Helfer und Begleiter, allen voran unseres Sirdars URKIEN und meines persönlichen Sherpas LAKPA TSERING.

Das Erscheinen dieses Buches ist dem Naturwissenschaftlichen Verein Karlsruhe e. V. zu verdanken, der wiederum die Herausgeberschaft übernommen hat. Für die Abwicklung aller damit anfallenden Arbeiten sorgte in bewährter Weise der 1. Vorsitzende des Vereins, Dr. ROBERT TRUSCH. Er stand mir zugleich als Freund und ständiger Berater zur Seite. Die Organisation des gesamten Marketings und der Schriftleitung lag in seinen Händen. Für den Vorabdruck eines Kapitels in der Entomologischen Zeitschrift danke ich Herrn Prof. Dr. THOMAS WAGNER in Koblenz, für die Bestimmung der in Nepal fotografierten Pflanzen Herrn Privatdozent Dr. PETER JÜRGENS in Quickborn und für die Determination einiger Wanzen Herrn Prof. Dr. SIEGFRIED RIETSCHEL in Karlsruhe.

Mein besonderer Dank gilt natürlich denjenigen, die das Manuskript zu diesem Buch gelesen und lektoriert haben: URSULA GÜNTHER, FRANZISKA SCHREIBER und HELGA WINNEN, sowie Dr. ROBERT TRUSCH. Alle haben sie nicht nur Korrekturen anbringen, sondern den Autor auch von gewissen emotionalen Äußerungen abhalten können, gerade dort, wo er mit Veränderungen, wie sie der heutige Tourismus mit sich bringt, allzu hart ins Gericht gegangen ist.

Die technische Bearbeitung der gescannten Diapositive lag diesmal in den Händen meines Sohnes NORMAN EBERT. Mit großer Mühe und Sorgfalt hat er es verstanden, dem fünfzig Jahre alten Filmmaterial, das teilweise sehr gelitten hatte, neuen Glanz zu geben. STEFAN SCHARF, verantwortlich für Satz und Gestaltung, hat mit Umsicht und fachmännischem Können zum Schluss alles „in Form" gebracht, wofür ihm auch an dieser Stelle sehr herzlich gedankt sei.

Günter Ebert
Markgrafenstr. 20
76133 Karlsruhe
ebert@smnk.de

Literaturverzeichnis

Balthasar, V. (1965): Neue Aphodius-Arten aus Nepal. – Khumbu Himal Bd. **1**, Lief. 2: 108-113. Springer-Verlag Berlin – Heidelberg – New York.

Boursin, Ch. (1968): Die neuen Hermonassa-Arten der Deutschen Nepal-Expeditionen 1962 und 1964. – Khumbu Himal Bd. **3**, Lief. 1: 134-148. Universitätsverlag Wagner, Innsbruck – München.

Daniel, F. (1972): Notodontidae aus Nepal (Lepidoptera). – Khumbu Himal Bd. **4**, Lief. 2: 245-268. Universitätsverlag Wagner, Innsbruck – München.

Diesselhorst, G. (1968): Beiträge zur Ökologie der Vögel Zentral- und Ost-Nepals. – Khumbu Himal Bd. **2**: 5-417. Universitätsverlag Wagner, Innsbruck – München.

Dyhrenfurth, G. O. (1961): Der dritte Pol. – 263 S. Büchergilde Gutenberg, Frankfurt am Main.

Ebert, G. (1966): Beiträge zur Kenntnis der entomologischen Sammelgebiete der Nepal-Expedition 1962. – Khumbu Himal Bd. **1**, Lief. 3: 121-141. Springer-Verlag Berlin – Heidelberg – New York.

Ebert, G. (2010): Auf Expedition in Afghanistan. – Naturwiss. Verein Karlsruhe e.V. [Hrsg.], 342 S. Goecke & Evers, Keltern 2010.

Eisner, C. (1964): Eine neue *Parnassius epaphus* Oberth. Subspecies. – Parnassiana Nova 34. – Zool. Meddeel. **39**: 185-186.

Eisner, C. (1968). Die Parnassiidae-Ausbeute des Forschungsunternehmens Nepal-Himalaya. – Khumbu Himal Bd. **3**, Lief. 1: 124-127. Universitätsverlag Wagner, Innsbruck – München.

Endrödi, S. (1968): Über Lamellicornia aus Nepal: Lucanidae, Passalidae und Dynastinae. – Khumbu Himal Bd. **3**, Lief. 1: 49-54. Universitätsverlag Wagner, Innsbruck – München.

Filchner, W. (1951): In der Fieberhölle Nepals. – 360 S.; Eberhard Brockhaus, Wiesbaden.

Forschung – Mitteilungen der DFG (1989): Das wahre Alter des Himalaya. Sedimente des Indischen Ozeans machen Datierung möglich. – 4/87: 30.

Frey, G. (1965): Neue Sericinen aus dem nordöstlichen Himalaya (Col., Melolonth.). – Khumbu Himal Bd. **1**, Lief. 2: 88-93. Springer-Verlag Berlin – Heidelberg – New York.

Haffner, W. (1967): Ostnepal – Grundzüge des vertikalen Landschaftsaufbaus. – Khumbu Himal Bd. **1**, Lief. 5: 389-426. Springer-Verlag Berlin – Heidelberg – New York.

Hagen, T. (1970): Nepal, Königreich am Himalaya. – 2. Aufl. Bern.

Haltenorth, Th. (1962): Zur sowjetischen Dokumentation der Schneemenschenfrage. – Säugetierkundl. Mitt. **10** (3): BLV Verlagsges. München.

Hardie, N. (1959): Im höchsten Nepal. Leben mit den Sherpas. – 160 S.; Nymphenburger Verlagshandlung. München.

Harrer, H. (1956): Sieben Jahre in Tibet. – 191 S.; Ullstein, Wien.

Hartig, F. (1963): Per la prima volta una Bramaea [sic!] in Europa. – Boll. Assoc. Romana di Entom., **18**: 5-6, Nr. 1.

Haruta, T. (1992 – 2000): Moths of Nepal Part 1 – 6. – Tinea vol. **13-16**. The Japan Heterocerist's Society. Tokyo.

Jedlicka, A. (1965): Neue Carabiden aus Nepal (Coleoptera). – Khumbu Himal Bd. **1**, Lief. 2: 98-107. Springer-Verlag Berlin – Heidelberg – New York.

Limberg, W. (1969): Die Namen auf der Karte Tamba Kosi – Likhu Khola (Nepal) 1:50000 – Khumbu Himal Bd. **7**, Lief. 1: 9-23.

Lombard, A. (1953): Vorläufige Mitteilung über die Geologie zwischen Kathmandu und dem Mount Everest. – 254 S.; Berge der Welt, München.

Mandl, K. (1965): Neue Carabus- (Meganebrius-) Arten aus Nepal. –
Khumbu Himal Bd. **1**, Lief. 2: 75-84. Springer-Verlag Berlin – Heidelberg – New York.

Müller, F. (1958): Acht Monate Gletscher- und Bodenforschung im Everestgebiet. – Berge der Welt, München.

SAUTER, W. (1967): Zur systematischen Stellung von *Brahmaea europaea* HARTIG (Lep., Brahmaeidae). – Mitt. Schweiz. Ent. Ges. **40**: 125-129.

SCHNEIDER, E. (1967): Begleitworte zur Karte Khumbu Himal 1 und zur Namensgebung. – Khumbu Himal Bd. **1**, Lief. 5: 430-446. Springer-Verlag Berlin – Heidelberg – New York.

SCHWEINFURTH, U. (1957): Die horizontale und vertikale Verbreitung der Vegetation im Himalaya. – Bonner geogr. Abhandl. Heft 20. Bonn.

SEITZ, A. [Hrsg.] (1909 – 1957): Die Großschmetterlinge der Erde. Eine systematische Bearbeitung der bisher bekannten Großschmetterlinge. – Stuttgart (Kernen).

SMITH, C. (1989): Butterflies of Nepal (Central Himalaya). – 352 S.; Craftsman Press, Bangkok.

SZYMCZAKOWSKI, W. (1965): Catopidae. – Khumbu Himal Bd. **1**, Lief. 2: 94-97. Springer-Verlag Berlin – Heidelberg – New York.

TRUSCH, R. (2012): Ein Pilz so wertvoll wie Gold. – Beispiel für ein „Non-Wood-Forest Product".

– in: LENZ, N. [Hrsg.]: Von Schmetterlingen und Donnerdrachen – Natur und Kultur in Butan. – Karlsruher Naturhefte **4**: 79-80.

VIETTE, P. (1968): Lepidoptera Hépialidaé du Nepal. – Khumbu Himal Bd. **3**, Lief. 1: 128-133. Universitätsverlag Wagner, Innsbruck, München.

WERNY, K. (1968): Thyatiriden aus Nepal. – Khumbu Himal Bd. **3**, Lief. 1: 101-115. Universitätsverlag Wagner, Innsbruck, München.

WILKINSON, CHR. (1972): The Drepanidae of Nepal (Lepidoptera). – Khumbu Himal Bd. **4**, Lief. 2: 157-228. Universitätsverlag Wagner, Innsbruck, München.

WINKLER, D. (2010): Caterpillar fungus (*Ophiocordyceps sinensis*) production and sustainability on the Tibetan Plateau and in the Himalayas. – Chinese Journal of Grassland, **32**: Supplement: 96-108.

WITTMER, W. (1965): Mitteilungen über Canthariden und Malachiden aus Nepal (Coleoptera). – Khumbu Himal Bd. **1**, Lief. 2: 85-87. Springer-Verlag Berlin, Heidelberg, New York.

Verzeichnis der wissenschaftlichen Tier- und Pflanzennamen

Die im Text genannten wissenschaftlichen Tiernamen sind größtenteils den Publikationen der mit der Bearbeitung des gesammelten Materials betrauten Spezialisten (siehe Literaturverzeichnis) entnommen. Hinzu kommen die vom Autor bereits vor Ort notierten oder fotografierten und später durch Vergleich mit den Abbildungen und Angaben aus der Standardliteratur ermittelten Taxa. Die auf den Farbseiten abgebildeten Tier- und Pflanzenarten werden mit ihrem wissenschaftlichen Namen in einem gesonderten Verzeichnis (siehe S. 171) aufgeführt. An dieser Stelle sei Herrn PETER JÜRGENS noch einmal sehr herzlich für die Bestimmung der Pflanzen gedankt.

Verzeichnis der geografischen Namen aus Nepal

Die Wiedergabe geografischer Namen aus Nepal stößt prinzipiell auf Schwierigkeiten, wie sie bereits im Afghanistanbuch näher beschrieben wurden. Die hier im Text verwendeten Namen werden daher durch Transkriptionen ergänzt, die, in runde Klammern gesetzt, angefügt sind. Sie gehen auf die sprachwissenschaftlichen Ausführungen von SCHNEIDER (1967) und LIMBERG (1969) zurück, die sich wiederum auf Übertragungen aus dem Tibetischen durch PETER AUFSCHNAITER stützen konnten. In einigen Fällen werden außerdem noch Namen gemäß der Schreibweise in der Nepal-Karte 1:500.000 (NELLES Maps, ISBN 3-88618-550-8) hinzugefügt. Topografische Angaben wie „Berg", „Fluss" usw. stehen in eckigen Klammern. Häufig zitierte Namen wie „Himalaja", „Kathmandu" oder „Mittelland" werden mit nur einem Seitenverweis angegeben.

Erläuterung zum Diagramm

Der Wegverlauf der entomologischen Gruppe im Rahmen der 4. Arbeitsgruppe des Forschungsunternehmens Research Scheme Nepal Himalaya (RSNH) der Nepal-Expedition 1962 wird in einem Diagramm (S. 12) wiedergegeben. Die darin eingetragenen römischen und lateinischen Zahlen haben die folgende Bedeutung:

K	Kathmandu.
1	Kathmandu – Hitaura.
I	Rapti-Tal; 1. Lager (290 m) westlich Hitaura.
2	Fahrt das Rapti-Tal abwärts.
II	Rapti-Tal; 2. Lager (200 m) bei Megouli.
3	Rückfahrt über Hitaura nach Bhimpedi.
III	Unteres Bhimpedi-Tal 10 km nördlich Hitaura (730 m).
3 a	Rückfahrt nach Kathmandu.
4	Kathmandu – Sankhu La.
IV	Abstieg in das Indrawati-Tal, Lager nahe Pul-Bazar (1700 m).
5	Über Naulapur nach Chautara. Abstieg zum Balephi Khola bis Balephi Bazar. Weiter nach Barahbise.
V	Weiter zum Sun Kosi. Lager nahe der Mündung des Kahare Khola (2150 m).
6	Aufstieg zum Ting Sang La.
VI	Ting Sang La. Lager bei 3800 m (Westhang).
7	Über den Ting Sang La nach Bigu.
VII	Am Oberlauf des Tamba Kosi Lager bei Bigu (2600 m).
8	Durch das Tamba Kosi-Tal bis zur Brücke bei Bikuti. Weiter bis unterhalb des „Jiri-Passes" (3000 m).
VIII	Jiri (2000 m).
9	Von Jiri nach Thodung. Abstieg zum Khimti Khola und Aufstieg nach Sherpa Gong.
IX	Thodung (3100 m).
10	Abstieg nach Bhandar und weiter durch das Likhu Khola-Tal bis Kenza.
X	Kenza am oberen Likhu Khola (1700 m).
11	Über Sete zur Passhöhe und weiter nach Junbesi. Über Sagar Padi und einen weiteren Pass zum Lumding Khola und nach Thate. Durch das Dudh Kosi-Tal bis Bemkar. Danach über Namche Bazar nach Khumjung.
XI	Khumjung (3800 m).
12	Abstieg in die Dudh Kosi-Schlucht.
XII	Lager in der Dudh Kosi-Schlucht (3400 m) unterhalb von Tangpoche (21. – 22. Juli, vor dem Rückmarsch nach Kathmandu).
13	Von Khumjung über Tangpoche und Pangpoche nach Pheriche.
XIII	Pheriche (4250 m).
14	Aufstieg nach Lobuche.
XIV	Lobuche (4975 m).
15	Von Lobuche nach Gorak Shep.
XV	Gorak Shep (5160 m).

Verzeichnis der farbig abgebildeten Tier- und Pflanzenarten

Bei den ausschließlich nach Fotos (siehe farbige Abbildungen) durchgeführten Pflanzenbestimmungen wurden bei nicht eindeutig erkennbaren Taxa die mit Fragezeichen versehenen Namen laut P. JÜRGENS den beiden Kategorien „mit hoher Wahrscheinlichkeit korrekt" und „wahrscheinlich korrekt" zugeordnet. Erstere erhielten den Zusatz „wohl" (zum Beispiel „*Rhododendron* spec. wohl *barba-* *tum*"), letztere den Zusatz „wahrscheinlich" (zum Beispiel „*Cremanthodium* spec. wahrscheinlich *reniforme*"). In gleicher Weise wird auch mit den Insektenbestimmungen verfahren. Die Namen der Unterarten werden hier, auch wenn sie eindeutig zu sein scheinen (wie zum Beispiel ssp. *anomala* bei *Pareba issoria* oder ssp. *boschmai* bei *Parnassius epaphus*), grundsätzlich weggelassen.

S. 39	Abb. 55	Rhinoceros unicornis
	Abb. 56	Gallus gallus
	Abb. 57	Semnophitecus entellus
S. 40	Abb. 59	Papilio polyctor
	Abb. 60	wahrscheinlich Papilio polyctor
	Abb. 61	Elymnias hypermnestra
	Abb. 62	Mycalesis spec.
	Abb. 63	Papilio latreillei
	Abb. 64	Tirumala limniace
	Abb. 65	Macrochereia grandis (Largidae)
S. 76	Abb. 86-87, 89	wohl Aularches spec.
	Abb. 88	Papilio spec. (wahrscheinlich polyctor)
	Abb. 90	Papilio latreillei
	Abb. 91	Papilio spec. (Gürtelpuppe)
	Abb. 92	Cantao ocellatus (Scutelleridae)
	Abb. 93	Metaporia agathon
S. 80	Abb. 106-107	Arisaema nepenthoides
S. 82	Abb. 113-116	Pareba issoria
	Abb. 117	Cethosia biblis
	Abb. 118	Argyreus hyperbius
	Abb. 119	wahrscheinlich Raupe von Pericallia imperialis
S. 83	Abb. 120-121	Troides aeacus
	Abb. 122	Epistema adulatrix
	Abb. 123-124	Trabala vishnou
S. 85	Abb. 129-130	Dendrobium heterocarpum
S. 105	Abb. 146	Coelogyne spec. (wohl corymbosa)
	Abb. 147	Cicadidae (unbekannt)
	Abb. 148	wohl Tibicen spec. (Cicadidae)

Wir wecken Ihr
Natur-
Interesse ...

Im Naturwissenschaftlichen Verein Karlsruhe e.V. kommen seit über 170 Jahren Naturforscher, Freunde der Naturkunde und die interessierte Öffentlichkeit zusammen. Der Naturwissenschaftliche Verein hat es sich zur Aufgabe gemacht, die Erforschung und den Schutz der Natur zu unterstützen. Er fördert den Gedankenaustausch zwischen Menschen, die sich beruflich oder in ihrer Freizeit mit Naturwissenschaften befassen. Durch seine Arbeit will der Verein in der Öffenlichkeit die Kenntnis von Naturzusammenhängen und -phänomenen vertiefen.

Der Naturwissenschaftliche Verein wurde durch ALEXANDER BRAUN, den damaligen Direktor des „Naturalienkabinetts", im Jahre 1840 ins Leben gerufen. Der Verein zählt damit zu den ältesten seiner Art in Deutschland. BRAUN versammelte namhafte Geologen, Biologen, Mediziner, Physiker, Chemiker und Meteorologen um sich, die im Rahmen des „Vereins für naturwissenschaftliche Mitteilungen" monatlich ihre Forschungsergebnisse präsentierten und diskutierten. BRAUN organisierte auch die ersten populärwissenschaftlichen Vorträge und Führungen, die sich großer Beliebtheit erfreuten. 1862 trat der Verein mit neuem Statut als „Naturwissenschaftlicher Verein" in Erscheinung und erlebte im Folgenden seine erste Glanzzeit, in der die Mitgliederzahl bald auf über 100 anstieg. In den 1880er Jahren führte HEINRICH HERTZ auf einer Sitzung des Vereins erstmals seine bahnbrechenden Versuche zur Existenz und Ausbreitung elektromagnetischer Wellen der Öffentlichkeit vor.

Naturwissenschaftlicher Verein KARLSRUHE E.V.

Heute wie damals ist der Naturwissenschaftliche Verein eng mit dem Naturkundemuseum Karlsruhe verbunden und fördert die Fachgebiete der Geowissenschaften, Botanik und Zoologie sowie alle Bereiche des Naturschutzes. Der Verein pflegt die Fachgebiete in seinen Arbeitsgemeinschaften (AG), durch Vortragsveranstaltungen, Exkursionen und Veröffentlichungen.

Der Verein gibt jährlich zusammen mit dem Naturkundemuseum und dem Referat Naturschutz und Landschaftspflege am Regierungspräsidium Karlsruhe die Zeitschrift *„Carolinea – Beiträge zur naturkundlichen Forschung in Südwestdeutschland"* heraus. Die *Carolinea* enthält aktuelle wissenschaftliche Abhandlungen aus den oben genannten Fachgebieten, in denen über neue Forschungsergebnisse aus Südwestdeutschland, aber auch über die internationale Forschung des Naturkundemuseums berichtet wird.

Herzstück des Vereins sind seine Arbeitsgemeinschaften
siehe www.nwv-karlsruhe.de → "Arbeitsgemeinschaften"

Entomologische AG
Limnologische AG
Ornithologische AG
Pilzkundliche AG

Wir bieten
unseren Mitgliedern

- Ein attraktives Vortragsprogramm und Exkursionen

- Einladungen zu den Veranstaltungen des Vereins und des Naturkundemuseums

- Die Möglichkeit der aktiven Mitarbeit in den Arbeitsgemeinschaften

- Den kostenlosen Bezug der *Carolinea* sowie 30% Rabatt beim Erwerb älterer Bände der Zeitschriften *Carolinea*, *Andrias* sowie der Beihefte *Carolinea*

- Kostenlose Benutzung der nicht öffentlichen Fachbibliothek des Naturkundemuseums Karlsruhe

- Freien Eintritt in das Naturkundemuseum Karlsruhe

Mitglied
werden

Mitgliedsbeitrag pro Jahr (Stand 2013)

Ordentliche Mitglieder: 15,00 Euro

Rentner (ermäßigt):   12,50 Euro

Schüler, Studenten: 7,50 Euro

Der Mitgliedsbeitrag ist selbstständig
auf folgendes Konto zu überweisen:

Postbank Karlsruhe
Konto-Nummer: 121 547 58
Bankleitzahl: 660 100 75

Der Naturwissenschaftliche Verein Karlsruhe e.V.
ist wegen der Förderung der Wissenschaft nach
dem aktuellen Freistellungsbescheid des Finanz-
amtes Karlsruhe-Stadt nach § 5 Abs. 1 Nr. 9
des Körperschaftssteuergesetzes von der Körper-
schaftssteuer befreit. Mitgliedsbeiträge wie auch
Spenden sind steuerlich absetzbar.

**Sie können diese Beitrittserklärung
auch an die Faxnummer
(0721) 175 - 2110** senden.

Antwortkarte
Beitrittserklärung

Naturwissenschaftlicher Verein
Karlsruhe e.V.
c/o Staatliches Museum für
Naturkunde Karlsruhe
Erbprinzenstr. 13
76133 Karlsruhe

Antwortkarte
Beitrittserklärung

Hiermit trete ich dem Naturwissenschaftlichen Verein Karlsruhe e.V. bei.

Vorname: _____

Name: _____

Straße: _____

PLZ/Ort: _____

Tel.: _____

E-Mail: _____

Den Jahresmitgliedsbeitrag in Höhe von _____ Euro habe ich auf das Konto:

Postbank Karlsruhe
Konto-Nummer: 121 547 58
Bankleitzahl: 660 100 75   überwiesen.

Datum: _____

Unterschrift: _____